LA DÉLIVRANCE

DE PARIS

Paris. — Imprimerie de E. Donnaud, rue Cassette, 9.

LA DÉLIVRANCE
DE PARIS

RÉCIT COMPLET

DES 8 JOURNÉES DE MAI

OPÉRATIONS MILITAIRES
PILLAGES. — INCENDIES. — EXÉCUTIONS
FAITS CURIEUX ET INÉDITS

PAR

Jules **PAU**

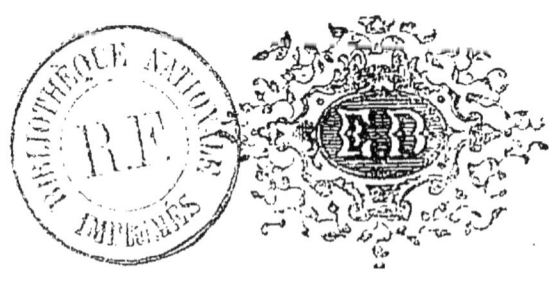

PARIS

E. DENTU, ÉDITEUR

IBRAIRE DE LA SOCIÉTÉ DES GENS DE LETTRE

PALAIS-ROYAL, 17 ET 19, GALERIE D'ORLÉANS.

—

1871

Tous droits réservés.

Ceux qui ont assisté à toutes les luttes dans Paris ont déjà beaucoup de peine à pouvoir s'en rendre un compte exact. Que sera-ce donc pour les personnes éloignées du théâtre de l'action ?

Elles ont bien les journaux ! Mais, à force de détails, à force de faits racontés, puis démentis, transformés ou dénaturés, le lecteur ne sait plus où il en est. Il confond les monuments brûlés avec ceux restés intacts, affirme qu'un tel a été tué quand il n'est même pas encore arrêté.

Bref, il y avait un récit sincère, exact, contrôlé, à faire des huit journées de mai ; nous l'avons essayé.

Les matières sont rangées dans un ordre méthodique : d'abord la bataille, puis les incendies, les fusillades, les arrestations, les faits curieux ; enfin tous les mémoires du grand drame dont nous avons été témoin anxieux.

J. P.

Paris, 7 juin 1871.

LA DÉLIVRANCE DE PARIS

RÉCIT COMPLET DES 8 JOURNÉES DE MAI.

OPÉRATIONS MILITAIRES ET STRATÉGIQUES

DE L'ARMÉE DE VERSAILLES DANS PARIS.

Nous commencerons par donner le récit des opérations de l'armée de Versailles dans la capitale, qu'elle a délivrée de l'insurrection ; puis, dans les chapitres suivants, nous raconterons les différents incidents qui se sont présentés dans cette lutte gigantesque de la légalité contre l'anarchie.

L'armée de Versailles ne devait donner l'assaut que le 23 mai. Ses généraux ne savaient pas encore que les batteries de brèche établies du Point-du-Jour à Boulogne avaient préparé l'entrée plus tôt qu'ils ne l'espéraient, et que par la précipitation et la sûreté de leur tir, ces batteries avaient dégarni les remparts de ses défenseurs.

Le 21 mai, vers quatre heures de l'après-midi, un détachement de marins de Versailles s'introduit par la brèche du Point-du-Jour. Ne rencontrant ni hommes, ni résistance, ces marins préviennent immédiatement le général Douai, qui entre à son tour dans Paris à la tête de son corps d'armée ; un peu plus tard, le général Vinoy pénétrait par la porte de Saint-Cloud et allait ouvrir les portes d'Issy et de Vaugirard au général de Cissey. Profitant du désarroi qu'apporte dans les rangs des fédérés cette attaque si brusque et si rapide, les généraux marchent en avant, chacun de son côté, et le pont de Grenelle, tombé au pouvoir de l'armée de Versailles, met immédiatement en communication les différents corps entrés dans la ville. Le Trocadéro est pris ; l'Arc-de-Triomphe et la batterie qu'y installaient les fédérés sont abandonnés par eux. Ces positions permettent aux soldats d'ouvrir un feu nourri sur les Tuileries et les Champs-Elysées, où le Palais de l'Industrie est bientôt abandonné par les insurgés.

En même temps, le général de Cissey avance dans Vaugirard et, le 22, à six heures du matin, ses divisions tenaient toute la partie comprise entre la gare de Montparnasse et le Champ-de-Mars.

Ces premiers succès obtenus plus promptement qu'on ne le pensait, l'armée se tâte, s'examine. Les soldats sont fatigués, ils ont besoin de repos ; les chefs se concertent et établissent définitivement le plan de l'attaque de la ville, qu'ils n'avaient encore fait que préparer.

Ce plan était simple : s'emparer des positions qui faisaient les fédérés maîtres de Paris, pousser l'insurrection devant soi, de façon à l'entourer d'un cercle qui, allant en se rétrécissant, l'empêcherait de trouver une issue par laquelle elle pût s'échapper ou essayer de reprendre l'offensive.

Ce moment d'arrêt nécessaire, forcé, indispensable, permit aux insurgés de préparer à l'intérieur de formidables moyens de défense et de ruines. Que de désastres eussent été évités, si l'armée avait continué sa marche en avant sans aucune interruption ! Mais, nous le répétons, ce mouvement offensif continu était impossible : on ne pouvait ainsi exposer 90,000 hommes dans les rues de Paris sans être absolument certain du succès.

Le 22 mai au matin, l'armée est divisée en quatre colonnes : la première chargée de l'aile gauche, sous les ordres du général de Cissey ; le général Clinchant a celle de droite ; et les deux du centre sont commandées par les généraux Vinoy et Douai.

Le général de Cissey commence ses opérations lundi soir en s'emparant de la gare de Montparnasse, ce qui lui ouvre la route du Panthéon, et se dirige sur la barricade de la route d'Orléans, qui lui donne accès sur la Butte-aux-Cailles.

Après l'aile gauche, l'aile droite : elle a pour mission de s'emparer de Montmartre, cette citadelle de l'insurrection, ce rempart de la Commune. La tâche est rude et difficile, et demande autant de sang-froid que de courage et d'intelligence stratégique. Deux attaques sont combinées à la fois ; l'une à l'intérieur, sous les ordres des généraux Clinchant et Ladmirault, qui s'emparent de la caserne de la Pépinière et de la gare Saint-Lazare, longent les boulevards de Monceaux et de Batignolles ; l'autre, à l'extérieur, sous la direction du général Montaudon qui marche sur Clichy et Saint-Ouen.

Ces deux mouvements simultanés ont pour but d'envelopper le point qu'on veut conquérir, de façon à ce que ceux qui l'occupent ne puissent se servir de leur artillerie.

Le lendemain, mardi 23 mai, l'attaque est vigoureusement poussée sur Montmartre qu'on veut occuper au plus tôt. Le général Clinchant enlève les barricades de la place Moncey et de la rue Lepic, le général Ladmirault débouche par la gare du Nord, livre un furieux combat à l'avenue Trudaine, et à trois heures de l'après-midi, la mairie du XVIIIe arrondissement est entre les mains de l'armée ; le drapeau tricolore flotte au haut des buttes Montmartre. A la même heure, le général Montaudon avait pris Neuilly, Levallois-Perret, Clichy et attaquait Saint-Ouen ; 105 bouches à feu et une grande quantité de prisonniers étaient entre ses mains. Les autres corps d'armée avaient opéré de manière à se trouver, en même temps que l'aile droite, au niveau de Montmartre.

Le général de Cissey, après s'être établi à la gare de Montparnasse, avait à occuper Montrouge d'une part et à cerner le faubourg Saint-Germain, ce qui le faisait s'étendre dans la direction du général Vinoy, se dirigeant vers l'Hôtel-de-Ville.

Pour occuper le premier point que nous venons d'indiquer, deux barricades étaient à enlever : la première, place de l'église Saint-Pierre ; la seconde, à l'ancienne barrière d'Enfer. A l'église Saint-Pierre, le combat a commencé mardi à sept heures du matin, ne s'est terminé qu'après-midi, et le drapeau tricolore n'a été arboré sur la mairie de Montrouge que vers quatre heures du soir. Pour le second point, les troupes du général de Cissey prennent une barricade élevée aux coins des rues de Rennes et de Vaugirard. Une autre barricade est construite au coin de la rue du Vieux-Colombier ; les fédérés résistent avec leur artillerie, qui canonne la rue de Rennes jusqu'à l'embarcadère de l'Ouest ; ils réussissent même à repousser une fois les soldats, mais, pris bientôt entre deux feux, ils sont forcés de se rendre.

Après ce succès, le corps du général de Cissey s'étend sur la rive gauche de la Seine jusqu'à la rue du Bac.

Au centre, le général Douai s'empare de l'église de la Trinité et marche sur la mairie Drouot ; le général Vinoy prend possession de la place Vendôme, des Tuileries et marche sur l'Hôtel-de-Ville.

Mercredi matin, 24 mai, cette dernière position était cernée. Le corps de Cissey enlève les barricades du Pont-Neuf et s'avance jusqu'à Notre-Dame ; sur l'autre rive, la ligne livrait un véritable assaut à la barricade de la pointe Saint-Eustache ; et, entre ces deux attaques, d'autres troupes s'emparaient de la rue de Rivoli.

La Commune ayant depuis le premier jour de son installation accumulé les moyens de résistance à l'Hôtel-de-

Ville, cette place était une véritable forteresse, défendue par des travaux d'approche et de contre-approche. Pas un tenant, pas un aboutissant qui n'eût sa barricade avec son ou ses canons. Les fédérés luttèrent sur ce point avec une énergie sauvage, incendiant les maisons avoisinant les barricades au fur et à mesure qu'ils en étaient délogés, pillant, tuant les habitants qui ne voulaient pas faire le coup de feu avec eux ; détruisant, dans un accès de rage, un monument que trois siècles avaient respecté. La lutte dura toute la journée et toute la nuit de mercredi ; jeudi matin, 25 mai, les troupes étaient maîtresses de l'Hôtel-de-Ville et cherchaient à épargner la ruine complète de ce monument qui a fourni, par les actes qui s'y sont passés, tant de pages à l'histoire de la France.

De l'Hôtel-de-Ville, le général Vinoy se dirigea sur le faubourg Saint-Antoine, pour venir rejoindre les généraux Clinchant et Ladmirault.

Cette journée de mercredi a été la plus meurtrière et la plus chaude de celles qui ont vu la défaite de l'insurrection. Les fédérés, acculés par la marche de l'armée de Versailles, cherchaient à se rallier sur les points extrêmes pour y opérer une résistance qu'ils devaient cependant savoir inutile. Délogés de Montmartre, ils s'étaient réfugiés à Belleville ; délogés du faubourg Saint-Germain, ils s'étaient repliés sur la Butte-aux-Cailles, après que le général de Cissey se fut emparé du Panthéon.

8,000 insurgés environ s'étaient établis là avec l'artillerie qu'ils avaient pu sauver et de laquelle ils se servaient pour bombarder Montrouge. Pendant toute cette journée de mercredi, les troupes essayèrent d'enlever cette position sans pouvoir y parvenir. Jeudi matin, une batterie de Versailles fut établie derrière l'embarcadère d'Orsay et mitrailla la Butte-aux-Cailles, que les soldats occupèrent enfin dans l'après-midi, après un combat acharné. Les fédérés se vengèrent de cette nouvelle défaite en incendiant les Gobelins. L'occupation de la Butte-aux-Cailles rendait l'armée maîtresse de la rive gauche de la Seine, succès que complétait encore la victoire du général du Barrail, qui venait à la tête de sa cavalerie, de s'emparer des forts de Bicêtre et d'Ivry, dont les garnisons isolées, par suite des opérations de l'armée, étaient dans l'impossibilité de faire aucun mouvement offensif ou défensif.

Les fédérés ne tenaient plus qu'une position, mais elle était pour eux encore plus importante que toutes celles qu'ils avaient occupées jusqu'à présent. Cette position, c'était le Château-d'Eau, protégé par les Buttes-Chaumont, Belleville et le Père-Lachaise. Il est vrai que Chaumont et Belleville étaient sous le feu de Montmartre, mais cela n'empêcha pas l'artillerie fédérée, qui y était installée, de bombarder les quartiers Saint-Denis et Bonne-Nouvelle. Sept avenues ou boulevards débouchent sur cette place du Château-d'Eau : rue de Turbigo, boulevard Saint-Martin, boulevard Magenta, rue du Faubourg-du-Temple, boulevard des Amandiers, boulevard du Prince-Eugène et boulevard du Temple. A chacune de ces voies, sur la place, une barricade était construite. Le général Clinchant s'avança par les boulevards Magenta, Saint-Denis et Saint-Martin ; le général Douai par le Conservatoire des Arts-et-Métiers, les rues de Turbigo et du Temple ; le général Ladmirault par la Chapelle et la Villette, et le général Vinoy par la Bastille. Comme on le voit, les corps d'armée suivaient toujours leur première stratégie, dont la simplicité était le premier mérite. Le maréchal Mac-Mahon s'était sans doute inspiré de cet axiome géométrique : la ligne droite est le plus court chemin d'un point à un autre ; étant bien sûr que ses soldats sauraient vaincre les obstacles qui surgiraient sur ce chemin.

Le mercredi, 24 mai, les troupes du général Clinchant avaient eu à soutenir une lutte terrible contre les fédérés qui occupaient les barricades de la Porte-Saint-Denis et de la Porte-Saint-Martin. A cette dernière, une mitrailleuse balayait le boulevard jusqu'à la rue Drouot et empêchaît qu'on en approchât de ce côté ; et c'est après avoir combattu maison par maison que les soldats ont pu occuper ces deux barricades.

Jeudi matin, 25 mai, les troupes étaient pleines d'ardeur et ne demandaient qu'à marcher pour en finir avec les insurgés dont la résistance les aiguillonnait en même temps que les crimes les indignaient. Vers midi, ils tenaient l'église Saint-Laurent du côté du boulevard Magenta ; dans l'après-midi, de l'autre côté de la place du Château-d'Eau, les barricades de la rue Turbigo et du boulevard Voltaire étaient prises ; et dans la nuit, la caserne du Prince-Eugène était abandonnée par les fédérés qui ne tenaient plus que dans les Magasins-Réunis.

Mais ils n'y purent tenir longtemps : vendredi matin, ils abandonnaient cette dernière position et se repliaient du côté du canal Saint-Martin par le boulevard du Prince-Eugène et le faubourg du Temple.

Toujours poursuivis, les insurgés, acculés aux Buttes-Chaumont et au Père-Lachaise, sont pris entre les Prussiens et l'armée française. Ils ne peuvent plus ni avancer ni reculer, il faut qu'ils succombent ou qu'ils se rendent.

Il est à remarquer que, par suite de la promptitude de l'armée de Versailles, le général Vinoy, qui avait sous ses ordres le corps de réserve, a été placé au centre même de l'action et a été le trait d'union entre le corps de de Cissey et celui de Douai ; et dès que l'Hôtel-de-Ville a été pris, il s'est trouvé en avant. Son but devient alors, en suivant la Seine sur la rive droite de la Bastille à la place du Trône, de continuer à poursuivre les fédérés sur la rive gauche à la place du général de Cissey, qui avait placé la division Lacretelle au jardin des Plantes, la brigade Bocher au pont de Bercy, la brigade Liant au pont Napoléon et une batterie à la gare d'Orléans.

Pour retarder la marche de l'armée de Versailles, les fédérés mettent le feu au grenier d'abondance. Mais, cet incendie, pas plus que les précédents, ne remplit l'attente de ceux qui l'allument. Le général Vergé se porte avec sa division sur la Bastille, les généraux Faron et Bruat, sur le faubourg Saint-Antoine. Les fédérés sont retranchés au boulevard Mazas, derrière une énorme barricade; repoussés là encore, ils essayèrent d'incendier la gare de Lyon.

La prise de la Bastille coûta beaucoup de mal aux troupes; cette place était fortifiée par des barricades à toutes les issues, comme celle du Château-d'Eau; mais, enveloppés entre le corps de Vinoy et celui de Cissey, les insurgés sont encore forcés de lâcher pied et se replient au Père-Lachaise avec ceux débusqués du Château-d'Eau.

Au vendredi, 26 mai, les fédérés n'occupent plus que deux points importants : les Buttes-Chaumont et le Père-Lachaise; de là ils lancent des obus à pétrole sur la ville, dans le sinistre espoir d'y amasser encore quelques ruines. Montmartre tire sans discontinuer sur ces batteries qu'il faut éteindre à tout prix. Le général Ladmirault, montant par la rue Lafayette et le boulevard de la Chapelle, sans être arrêté longtemps par la résistance de la gare de Strasbourg et des barricades de la rue d'Aubervillers, s'empare de la Villette en même temps que le général Vinoy s'établissait à Charonne et prend position à la place de la Rotonde. Les fédérés, quoique formidablement fortifiés dans la Douane, ne peuvent supporter la vigoureuse attaque des troupes de Ladmirault et se replient encore en mettant le feu aux docks de la Villette.

Le lendemain, samedi, 27 mai, dès le matin, l'armée est prête pour l'action décisive. Les fédérés sont dans Belleville, les troupes occupent les boulevards depuis la Bastille jusqu'au Château-d'Eau, le canal Saint-Martin, et le faubourg du Temple jusqu'à la Villette.

Le général Douai monte par le faubourg du Temple, enlève une barricade à la hauteur de la rue Fontaine-au-Roi, celle de la rue Grange-aux-Belles et prend l'hôpital Saint-Louis.

Le général Clinchant traverse le boulevard du Prince-

Eugène, la rue d'Angoulême, les barricades qui empêchent d'aborder le canal et celle de la rue des Trois-Bornes. Mais les troupes ne peuvent plus avancer; à l'endroit où se croisent le boulevard Richard-Lenoir et celui du Prince-Eugène, une barricade est construite ayant plus de 50 mètres de long. Les troupes sont forcées de contourner cet ouvrage de défense et prennent les insurgés entre deux feux.

Montmartre continue à bombarder Belleville, les Buttes-Chaumont et le Père-Lachaise. Les fédérés sont forcés de quitter le terrain où tombent les projectiles, et descendent vers la partie basse de Belleville, où ils viennent se heurter contre les troupes qui, se resserrant, veulent les anéantir d'un seul coup. Le général Ladmirault, continuant son mouvement en avant dans la Villette, prend l'Abattoir, le marché aux bestiaux et, malgré la nuit, monte à l'assaut de la Butte-Chaumont, par le chemin de fer de ceinture.

Le général Vinoy avait, à huit heures du soir, pris possession du Père-Lachaise.

Le dimanche matin, 28 mai, les insurgés, sans canons, résistent encore dans le faubourg du Temple et rue d'Angoulême. Deux canons placés boulevard du Temple mitraillent sans trêve cette dernière rue.

Enfin, à deux heures de l'après-midi, le dernier coup de fusil était tiré, et le soir, le maréchal Mac-Mahon faisait afficher la proclamation suivante :

RÉPUBLIQUE FRANÇAISE.

Habitants de Paris.

L'armée de la France est venue vous sauver. — Paris est délivré. — Nos soldats ont enlevé, à quatre heures, les dernières positions occupées par les insurgés.

Aujourd'hui, la lutte est terminée : l'ordre, le travail et la sécurité vont renaître.

Au quartier général, le 28 mai 1871.

Le maréchal de France, commandant en chef,
DE MAC-MAHON, duc de MAGENTA.

Comme récompense de l'acte de salut qu'accomplissait l'armée, l'Assemblée nationale avait déjà adopté cette résolution :

L'Assemblée nationale déclare que les armées de terre et de mer, que le chef du pouvoir exécutif de la République française ont bien mérité de la patrie.

Délibéré en séance publique, à Versailles, le 22 mai 1871.

Le président,
Signé : Jules GRÉVY.

Les secrétaires,
Signé : Paul BETHMONT, Paul de RÉMUSAT, baron de BARANTE, marquis de CASTELLANE.

Les insurgés tenaient encore le fort de Vincennes avec le général La Cécilia ; une brigade du général Vinoy se préparait le lundi 29 mai à en faire le siége. Devant ces préparatifs, les fédérés se sont rendus à discrétion, au nombre de quatre cents, dont plusieurs fonctionnaires de la Commune.

CURIEUX ÉPISODES DE LA LUTTE.

Un des premiers corps qui soient entrés dans Paris appartenait à la division Vergé, faisant partie de l'armée du général Vinoy.

Le général Vergé pénétra dans la ville à la tête de quatre compagnies d'infanterie de sa division ; le vice-amiral Pothuau, ministre de la marine, l'accompagnait avec un bataillon de marins-fusiliers.

Le vice-amiral Pothuau est allé seul à Auteuil reconnaître la position. C'est lui encore qui, le premier, s'est précipité avec ses marins dans le ministère de la marine, au moment où les insurgés cherchaient à l'incendier ; grâce aussi à sa présence d'esprit et à son énergie, la Bibliothèque nationale a été épargnée ; il y avait envoyé immédiatement une compagnie de ses braves soldats.

Lorsque l'on sut le lundi matin dans le faubourg Saint-Germain que l'armée était dans Paris, quarante hommes du 46° bataillon de l'ex-garde nationale, guidés par M. Durouchoux, se jetèrent sur les barricades que commençaient les insurgés, en enlevèrent les drapeaux rouges et s'en rendirent maîtres. M. Durouchoux, blessé au cou et à l'épaule, a reçu la croix des mains du général de Cissey.

Il est mort de ses blessures le 4 juin.

Les forts de Bicêtre et d'Ivry étaient commandés par le général Wrobleski. Il voulait se rendre, mais à la condition d'avoir, lui et ses hommes, la vie sauve. Le général du Barrail, commandant les troupes régulières, refusa cette condition et fit dire à Wrobleski qu'il ne recevrait les fédérés qu'à discrétion. Ceux-ci, craignant d'être passés par les armes, évacuèrent les forts et descendirent par les souterrains dans les Catacombes; mais les issues en étant gardées par l'armée, ils ont dû, ou se rendre, ou mourir de faim, perdus dans ces vastes galeries, labyrinthe moderne. La garnison des deux forts se composait de six mille hommes environ.

Pendant que la maison Botot, au coin de la rue de Rivoli et de la place du Louvre, brûlait, on apprenait que quarante personnes s'y étaient réfugiées dans les caves, par la crainte des boulets et des balles.

Un jeune homme, nommé Joseph Rossi, garçon d'office au café de France, rue Notre-Dame-des-Victoires, 44, traverse la rue de Rivoli, un drapeau tricolore à la main, pénètre dans la maison en feu, descend dans les caves, délivre les malheureux, qui sortent, montrant chacun un insigne parlementaire, mouchoir ou serviette.

L'héroïque garçon est tombé frappé d'une balle fédérée, au moment où il suivait le dernier de ceux qu'il venait de sauver si intrépidement.

Une des barricades les plus imposantes, sous le rapport de la défense, était celle de la rue Royale. Armée de canons et de mitrailleuses, elle canonnait sans relâche la place de la Concorde. Pour s'en rendre maîtres, les soldats passèrent par la rue Boissy-d'Anglas et traversèrent les jardins qui bordent cette rue et ceux qui dépendent de la rue du faubourg Saint-Honoré; ils étaient soutenus par d'autres troupes arrivant par les boulevards Haussmann, Malesherbes et la rue Tronchet. Les insurgés, obligés de déloger de la barricade et ne pouvant cependant fuir, la retraite leur étant coupée, voulurent se réfugier dans la Madeleine.

Les soldats les y suivirent et, forçant les portes que les fédérés essayaient de barricader, firent irruption dans l'église et frappèrent sans pitié tous ceux qui s'y trouvaient.

Pas un des trois cents insurgés qui s'étaient retranchés dans cet édifice n'en sortit vivant.

L'occupation du nouvel Opéra a été marquée par un acte d'énergie vraiment héroïque. Les portes forcées, le lieutenant Ziegler, qui commandait le premier détachement d'attaque, pénètre dans l'édifice et somme les insurgés de mettre bas les armes, sous peine d'être fusillés sur place.

On lui répond par des cris de défi, et celui qui paraissait être le chef de la bande lève son revolver pour abattre l'officier. Mais celui-ci le prévient, l'étend raide mort à ses pieds et renouvelle sa sommation.

Les insurgés, interdits et domptés, se rendent en jetant leurs fusils.

Au palais Bourbon, les soldats ont trouvé l'état-major du général Bergeret en train de dîner. La table était servie dans l'appartement occupé jadis par le chef du cabinet du président du Corps législatif.

Jamais repas ne fut plus désagréablement interrompu, et les officiers fédérés ainsi surpris ne songèrent même pas à essayer quelque résistance.

Les forts de la rive gauche ont tous été bien éprouvés dans cette affreuse guerre civile.

Issy et Vanves sont détruits. Montrouge n'existe plus. L'armée, qui s'était emparée des bastions, dirigeait une canonnade violente sur ce dernier fort ; un obus mit le feu à la poudrière qui sauta, et l'incendie a brûlé la presque totalité des bâtiments qui subsistaient encore.

Beaucoup de fédérés avaient cru trouver un refuge chez les Prussiens ; mais leur espoir a été déçu là comme ailleurs.

Les Prussiens tiraient impitoyablement sur tous ceux qui cherchaient à passer les limites de la zone qu'ils occupent.

Ceux qui venaient se livrer à eux, en se disant Alsaciens et Lorrains, étaient sévèrement interrogés, et s'ils n'étaient pas des provinces qu'ils désignaient, ils étaient remis entre les mains des troupes françaises.

Plus de 3,000 insurgés ont été ainsi livrés par les Allemands.

A la barricade de la rue Brezin, un soldat est ajusté par un fédéré; le soldat baisse la tête et évite la balle. Il veut à son tour tirer sur l'insurgé, lorsqu'il reconnaît en lui son père!

La prise de la barricade de la rue Lepic mérite d'être rapportée :

Les troupes essayaient de l'enlever depuis 9 heures du matin, le mardi 23 mai ; mais les insurgés opposaient une vive résistance et le combat paraissait devoir durer encore longtemps, lorsque quatre soldats traversent le boulevard en rampant, malgré les balles et les boulets. Arrivés au pied de la barricade, ils se dressent tout à coup et font feu.

Les fédérés effarés, pensant avoir affaire à des bataillons entiers, se sauvent sans même riposter.

Et les quatre héros plantent orgueilleusement le drapeau tricolore à la place où flottait peu d'instants auparavant la guenille rouge.

Lorsque les soldats entrèrent dans le fort de Vincennes, le citoyen Vierlet, chargé, par les insurgés, de faire sauter le fort, et caché dans une casemate où l'on avait entassé des quantités de poudre, se brûla la cervelle sans prononcer une parole.

LES INCENDIES.

Tout était prémédité pour la destruction de Paris lorsque les troupes de Versailles y seraient entrées; ils l'avaien bien annoncé du reste, les hommes du 18 mars : Plutôt que de livrer Paris nous nous ensevelirons sous ses ruines.

C'est dans les séances secrètes de la Commune que se discutaient ces projets, nés on ne sait encore dans quel but ni de quel cerveau. A la réunion du 20 mai, il fut arrêté qu'on incendierait les principaux monuments de Paris; Delescluze, surtout, appuyait pour que cette décision fût adoptée; et tout fut arrangé, organisé de manière à ce qu'il n'y eût pas d'hésitation ni de confusion dans l'exécution des ordres dont voici deux spécimen ; le premier a été trouvé sur Delescluze, le second à la mairie de Belleville.

Le citoyen Millière, à la tête de 150 fuséens, incendiera les maisons suspectes et les monuments publics de la rive gauche.

Le citoyen Dereure, avec 100 fuséens, est chargé du 1er et du 2e arrondissement.

Le citoyen Billioray, avec 100 hommes, est chargé des 9e, 10e et 20e arrondissements.

Le citoyen Vésinier, avec 50 hommes, est spécialement chargé des boulevards, de la Madeleine à la Bastille.

Ces citoyens devront s'entendre avec les chefs de barricades pour assurer l'exécution de ces ordres.

Paris, 3 prairial an 79.

DELESCLUZE, RÉGÈRE, RANVIER, JOHANNARD,

RÉPUBLIQUE FRANÇAISE.

Commune de Paris. — Comité de salut public.

Paris, le . . . 1871.

Tire sur la Bourse, la Banque, les Postes, la place des Victoires, la place Vendôme, le jardin des Tuileries, la caserne Babylone. Nous laissons l'Hôtel-de-ville sous le commandement de Pindy, et la guerre et le comité de salut public, ainsi que les membres de la Commune présents, se transportent à la mairie du onzième, où nous nous établissons. C'est là désormais que nous allons organiser la défense des quartiers populaires.

Nous t'enverrons de l'artillerie et des munitions du parc Basfroi.

Nous tiendrons jusqu'au bout et quand même.

EUDES.

LES TUILERIES.

Au point de vue artistique, la perte de cet édifice, qui, par ses différentes constructions et reconstructions, n'offrait plus ce caractère d'homogénéité faisant la valeur des monuments retraçant une époque passée, ne présente pas une somme de regrets aussi grande que la perte d'autres richesses artistiques disparues dans l'immense désastre de ces huit journées de combats, de sang et de deuil.

Les premiers occupants de l'hôtel des Tuileries étaient un certain Pierre Désessarts et sa femme, qui le léguèrent à l'hôpital des Quinze-Vingts. Ceci se passait au quatorzième siècle.

Deux cents ans plus tard, le terrain des Tuileries était devenu la propriété de Nicolas de Neuville de Villeroy, secrétaire des finances, qui y avait fait bâtir une maison entourée de magnifiques jardins.

M. de Villeroy eut l'honneur de donner l'hospitalité, dans cette maison, à la mère de François Ier, la duchesse d'Angoulême, qui, enchantée de cette habitation, persuada au roi de s'en rendre acquéreur.

Le 23 septembre 1527, la duchesse d'Angoulême fit don de la maison des Tuileries à Jean Tiercelin, maître d'hôtel du Dauphin, et à Julie du Trot, sa fiancée.

Lorsque Charles IX voulut se donner une autre résidence que le palais du Louvre, Catherine de Médicis choisit l'emplacement où s'élevait la maison des Tuileries et acheta les terrains environnants.

Philibert Delorme et Jean Bullant commencèrent les travaux en mai 1564; mais l'astrologue de la reine-mère lui ayant prédit qu'elle mourrait près de Saint-Germain, Catherine de Médicis, comprenant Saint-Germain l'Auxerrois, fit suspendre ces travaux, qui ne furent repris que sous Henri IV et terminés sous Louis XIII suivant les nouveaux dessins de l'architecte Ducerceau.

Les différents souverains qui se sont succédé aux Tuileries furent choqués de la disparate qui régnait entre les constructions de Delorme et celles de Ducerceau; mais ni les Mansard, ni les Levau, ni les Fontaine ne purent faire disparaître cette irrégularité qui s'augmenta encore par suite de ces nouvelles édifications.

Napoléon III voulait se donner la gloire de réédifier le corps principal de ce palais, dont l'intérieur, mal distribué, menaçait ruines.

Le pavillon de Marsan est aujourd'hui complétement détruit, ainsi que tous les appartements, de ce pavillon à celui de Flore dont les combles seuls sont brûlés (24 mai).

Les meubles et les tableaux avaient été enlevés au lendemain du 4 septembre; les portraits des maréchaux, qui n'étaient que de pâles copies; les boiseries de Henri IV et de Louis XIV; les peintures anciennes, parmi lesquelles deux tableaux de Lebrun: *Apollon et les Muses, Louis XIV recevant les échevins*, les riches appartements de l'impératrice décorés par Chaplin et F. Besson, toute la collection des *papiers de l'Empire* sont entièrement consumés.

Le Louvre a échappé miraculeusement au désastre, car tout était préparé par ces forcenés pour détruire également ce fleuron de la France.

Il est vrai que le général Douai a aidé beaucoup à ce miracle; faisant un appel énergique à ses chasseurs, il leur fit traverser les Tuileries en flammes, renversant les fédérés qui voulaient s'opposer à leur passage.

Un instant après, ils étaient de l'autre côté dans la cour, le Louvre était sauvé ! La bibliothèque seule a été brûlée et c'est là une perte irréparable, car elle contenait de précieux manuscrits, entre autres : *l'Armorial de France*, de d'Hozier.

Dans la nuit de mardi à mercredi, une troupe de fédérés entre chez le concierge de cette bibliothèque et lui ordonne de répandre le pétrole. Le concierge refuse énergiquement. Il est enfermé avec sa femme dans sa loge où ils vont être brûlés vifs. Les soldats du général Douai sont arrivés assez à temps pour les sauver d'une mort affreuse.

LE PALAIS-ROYAL.

En 1848 déjà, ce palais fut la proie du peuple également poussé par la révolution socialiste ; alors, on respecta l'immeuble, et l'on se contenta de brûler tout ce qu'il renfermait : meubles, livres et tableaux.

Cette fois encore, la révolution démagogique s'est ruée, le 24 mai, sur ce monument, élevé par un homme qui fut une des gloires politiques de la France.

Le Palais-Royal, primitivement *Palais-Cardinal*, fut construit par les ordres du cardinal Richelieu sur l'emplacement autrefois occupé par les hôtels d'Armagnac et de Rambouillet, de 1629 à 1636, sous la direction de l'architecte Mercier.

Le palais fini, Richelieu en fit don à Louis XIII. Ils sont rares les sujets qui font des cadeaux à leurs rois.

Louis XIII accepta ce don, en en laissant l'usufruit au cardinal.

Louis XIV, à son tour, en 1672, le donna à la famille d'Orléans, à l'occasion du mariage du duc de Chartres avec Marie-Françoise de Bourbon.

Successivement habité par Richelieu, Anne d'Autriche, Henriette de France, Henriette d'Angleterre, le Régent, Law, Franklin, Voltaire, le Palais-Royal, en juillet 1793, fut vendu et servit de siége au Tribunat de 1804 à 1807. Le Tribunat dissous, le Palais-Royal redevint la demeure des ducs d'Orléans, et Louis-Philippe Ier l'habita pendant un an et demi.

A l'avénement de l'empire, il devint l'habitation du prince Napoléon.

Le Théâtre-Français n'a pas été atteint par l'incendie. Une partie de la chapelle, restaurée par la princesse Clotilde, est intacte. La façade n'a pas beaucoup souffert, l'escalier d'honneur est détruit ; il était l'œuvre de Cartaut ; les deux génies qui supportaient l'horloge du pavillon du centre sont perdus, les groupes de Pajou : *la Justice et la Force, la Prudence et la Libéralité*, ne sont que noircis ; la galerie des Princes est complétement brûlée. Les objets d'art qu'y avait amassés le prince Napoléon avaient été transportés à Prangins, et, si les incendiaires ont voulu frapper un représentant du règne monarchique, leurs mains criminelles se sont encore égarées et n'ont atteint qu'une portion de la fortune historique de la France.

LE PALAIS-DE-JUSTICE.

Avant les épouvantables journées de mai, il ne restait déjà plus grand'chose de ce qui fut le palais des premiers rois de France. Aujourd'hui, hélas ! presque tout en a disparu et ce monument était d'autant plus destiné à la destruction par les insurgés du 18 mars, que pour beaucoup d'entre eux il renfermait la preuve d'un passé criminel.

Hugues Capet, qui habitait les Thermes comme les rois des deux premières races, quitta cette résidence pour le palais de la Cité. Robert, son fils, fit reconstruire ce palais, qu'habitèrent après lui Philippe-Auguste, saint Louis, à qui l'on doit la Sainte-Chapelle, Philippe-le-Bel, qui ordonna de nouveaux travaux achevés en 1313. Après François Ier, le palais fut exclusivement consacré au parlement et aux cours de justice.

En mai 1618, un incendie en détruisit la plus grande partie, ainsi que la grande salle en bois soutenue par des piliers, également en bois, dorés et azurés ; entre eux se voyaient les statues des rois de France depuis Pharamond.

L'architecte Desbrosses reconstruisit le palais et bâtit la salle des Pas-Perdus.

En janvier 1776, autre incendie, et le Palais-de-Justice, que les fédérés ont brûlé fut alors édifié par Moreau, Desmaisons, Couture et Antoine.

Raoul Rigault, le sinistre procureur de la Commune, s'était installé avec son complice Gaston Dacosta, après sa démission de délégué à la sûreté générale, dans les bureaux du procureur général près la Cour de cassation. Les huit garçons de bureau refusèrent d'obéir à Rigault, qui en fit immédiatement emprisonner six. Les deux autres furent attachés par force à sa personne.

Mal à leur aise, on ne sait pourquoi, dans la Cour de cassation, le cynique Rigault et ses séides transférèrent leurs bureaux dans la salle des appels correctionnels, où furent condamnés les gardes de Paris et les sergents de ville dont le Comité central s'était emparé le 18 mars à Montmartre. La Commune, jusqu'au dernier moment, a obéi à un hideux sentiment de vengeance.

Dès le lundi matin, Rigault ordonna à son substitut Wurtz d'enduire le palais de pétrole. Pour ne pas être dérangé dans cette œuvre infernale, on requit le 92e bataillon de la garde nationale, et le commissaire de police du Palais-de-Justice adressa à Wurtz deux hommes avec ce laisser-passer ou cette recommandation :

COMMISSARIAT
DE POLICE
DU PALAIS DE JUSTICE.

Citoyen,

Prenez ces deux citoyens qui sont deux bons bougres à poil.

BREUILLÉ.

Ces deux bons bougres à poil, comme les appelle le sieur Breuillé, remplirent en effet consciencieusement leur tâche d'incendiaires malgré les supplications des gardes du palais ; et, dans l'après-midi du lundi 22 mai, l'édifice se consumait.

La grande coupole n'a pas été atteinte ; la chambre des mises en accusation et trois chambres de la Cour d'appel qui sont de ce côté ont été préservées, ainsi que les archives des greffes civil et criminel.

Les murs de la Cour de cassation sont debout, mais tout l'intérieur est brûlé ainsi que les dossiers.

La chambre des requêtes a peu souffert. Les minutes depuis 1862 ont été sauvées.

La bibliothèque de la cour suprême est anéantie, ainsi que les archives du greffe de la Cour de cassation.

La salle des Pas-Perdus, détruite, avec toutes les vieilles archives du tribunal de la Seine et du Châtelet ; détruites aussi les chambres civiles touchant à cette salle des Pas-Perdus. Les minutes de la chambre civile depuis 1803 ont été conservées ainsi que les dépôts des parties.

La cour de l'Horloge existe encore.

La fameuse sixième chambre et les greffes du tribunal correctionnel, brûlés.

Le casier judiciaire du département de la Seine a été nécessairement brûlé. Mais, comme les peines d'emprisonnement sont consignées sur les livres d'écrou des maisons où sont détenus les condamnés, il sera facile, avec quelques recherches, de reconstruire ce casier.

L'enregistrement a conservé, lui, les condamnations à l'amende. Deux millions de dossiers composaient ce grand-livre de la justice ; les plus récents ont pu cependant être sauvés.

Parmis les dossiers conservés il faut citer ceux de Dombrowski, Raoul Rigault et Troppmann ; parmi ceux brûlés, on remarque ceux de Lesurques, Papavoine, Pichegru, madame Lafarge, etc.

Pour les dossiers civils, le malheur est plus complet, en ce sens qu'il est irréparable. Si ceux qui se sont rendus acquéreurs d'immeubles par voie d'adjudication ou de criée devant le tribunal civil n'ont pas conservé l'expédition des jugements d'adjudication, comment pourront-ils justifier de leurs droits de possession ? Il est vrai que les bureaux des hypothèques et de l'enregistrement des domaines pourront faciliter beaucoup les recherches des ayants-droit.

La Sainte-Chapelle est heureusement intacte.

L'HOTEL-DE-VILLE.

Devant les ruines imposantes qui s'élèvent maintenant sur l'antique place de Grève, le cœur se serre ; un sentiment douloureux vous oppresse, et on contemple, presque épouvanté, l'immense désastre qui, dans une seule nuit, a englouti dans le néant les reliques vénérées racontant l'histoire de cet immortel Paris. Son histoire politique, comme son histoire des arts, tout était là ; et, lorsque les lueurs de l'incendie rougissant l'horizon apprenaient à tous la fatale nouvelle de l'incendie de l'Hôtel-de-Ville, il a semblé à ceux qui aiment le grand et le beau qu'on leur arrachait un lambeau d'eux-mêmes.

Philippe-Auguste, en 1212, acheta à Philippe Cluin, chanoine de Notre-Dame, une grande maison bâtie sur la place de Grève, qu'on appela d'abord la *Maison aux Piliers;* plus tard, on la désigna sous le nom de *Maison aux Dauphins*. Elle ne se composait alors, d'après Sauval, que de deux cours, d'un poulailler, de cuisines hautes et basses, grandes et petites, d'une chambre de parade, d'une chambre d'audience, d'une chapelle lambrissée et d'une salle couverte d'ardoises.

Trop peu vaste pour servir de lieu de séances à la municipalité, elle fut démolie et la ville de Paris, se rendant acquéreur de quelques maisons environnantes, résolut de construire sur cet emplacement un édifice digne de ses magistrats. Pierre Nicole, prévôt des marchands, posa, le 15 juillet 1533, la première pierre du monument que les sectaires du 18 mars viennent de détruire. Le plan adopté pour sa construction, en style gothique, ne convint pas et Henri II, en 1549, chargea l'architecte italien Dominique Boccardo, dit Cortoni, d'en dresser un nouveau.

C'est sur ces derniers dessins que l'Hôtel-de-Ville fut élevé; mais les travaux marchèrent lentement, entravés qu'ils furent par les guerres civiles des règnes des Henri II, III et IV. En 1605, avec François Miron, alors prévôt des marchands, l'architecte Ducerceau termina complétement l'érection de ce monument, commencé plus d'un demi-siècle auparavant.

La statue équestre de Henri IV, régnant à l'achèvement de cet édifice, fut placée au-dessus de la porte principale. Cette figure n'avait d'autre mérite que de rappeler le *bon roi;* les membres de la Commune l'ont fait enlever le 18 mai; l'image de celui qu'on avait appelé le *Père du peuple* les gênait et leur était comme un remords.

En 1770, le palais municipal était déjà insuffisant pour les besoins des nombreux services qu'il renfermait; on projeta de l'agrandir, mais ce projet ne fut exécuté qu'en 1800 par l'adjonction, au premier bâtiment, de l'hôpital du Saint-Esprit et de la chapelle Saint-Jean.

En 1835, des plans pour un nouvel agrandissement furent proposés par MM. Lesueur et Godde, et la ville dépensa 15 millions pour faire de l'Hôtel-de-Ville, extérieurement du moins, le monument qu'on pouvait encore admirer le 23 mai.

De tout cela, il ne reste plus depuis le 24 mai que des murs noircis, prêts à s'écrouler. Peintures merveilleuses, dorures éblouissantes, sculptures sévères ou gracieuses, chefs-d'œuvre des artistes que Paris a nourris, tout est perdu. De ces richesses, il ne reste plus que quelques tombereaux de débris !

Ces salles, qui ont tant de fois retenti des clameurs de la révolution, ont disparu dans la plus effroyable des tempêtes révolutionnaires; ces salles, qui avaient vu le duc de Guise dans la Journée des barricades, la Commune du 10 août 1792 au 27 juillet 1794, le gouvernement provisoire du 24 février au 4 mai 1848, le gouvernement de la défense nationale du 4 septembre 1870 au 28 février 1871, ont croulé avec la dernière scène de la lugubre tragédie du gouvernement qui, du 19 mars au 22 mai 1871, a tenu Paris sous une seconde Terreur.

Des statues qui étaient dans les niches de la façade de l'Hôtel-de-Ville, celles de Jean Goujon, Pierre Lescot, Ph. Delorme, de la Vacquerie, Perronnet, d'Alembert, Buffon, Mansard, Lebrun, Lesueur, Colbert, Catinat, Boileau, Molière, Voltaire, ont été épargnées ; celle de Gozlin a eu un bras brisé, celle de saint Vincent de Paul n'a perdu qu'un morceau de draperie.

Les statues détruites sont celles de Montyon, Monge, Gros, Ambroise Paré, Papin, de Harlay, Voyer d'Argenson, E. Boyleaux, Hugues Ambroise, saint Landry, Maurice de Sully, Juvénal des Ursins, Pierre de Viole, Michel Lallier, Guillaume Budé, François Miron, Robert Étienne, Jean Aubry, Rollin, l'abbé de l'Épée, Turgot, Sylvain, Bailly, Frochot, Lavoisier, Condorcet, Lafayette, de la Reynie, de Thou.

L'Hôtel-de-Ville avait une bibliothèque de 100,000 volumes

formant une précieuse collection historique qui a été détruite.

L'annexe de l'Hôtel-de-Ville a été également incendiée et les actes de l'état civil qui s'y trouvaient ont été complétement anéantis, ainsi que ceux déposés au tribunal civil. Il ne reste de ces documents importants que ceux depuis 1860 dont les registres sont placés dans les mairies.

Cinq à six cents insurgés, qui se trouvaient dans l'Hôtel-de-Ville au moment où il était en feu, n'ayant pu en sortir à cause des projectiles envoyés de toutes parts sur l'édifice, y ont été brûlés vifs, périssant ainsi victimes de leurs horribles crimes.

LA PRÉFECTURE DE POLICE.

Encore un monument désigné d'avance à la fureur des fédérés.

L'ancien hôtel des premiers présidents du Parlement et celui de la Cour des comptes ont servi à installer la Préfecture de police.

Achille de Harlay fit bâtir en 1607 l'hôtel des premiers présidents qui fut achevé par M. de Verdun et occupé par de Lamoignon, de Maupeou, Molé, d'Aligre, d'Ormesson.

La Cour des comptes avait été construite en 1504 par Joconde; brûlée en 1737, elle fut rebâtie peu de temps après.

La demeure des premiers présidents fut, pendant la première Révolution, celle des maires de Paris : Pétion, Pache, Chambon et Fleuriot.

Après les maires, ce furent les préfets de police ; 27 l'ont habitée pendant soixante et onze ans, de 1800 à 1871.

Le dernier, usurpateur du titre, fut Th. Ferré, succédant à Cournet et à Raoul Rigault.

Celui-ci ne fit pas grande cérémonie pour s'emparer du

poste dont le titulaire était et est encore le général Valentin. Il se présenta le 18 mars, accompagné de son inséparable secrétaire Dacosta et de son ami le docteur Regnier, dans les bureaux de cette administration, en se posant comme préfet de police.

Les employés le laissèrent, lui et sa bande, maîtres de la place et s'empressèrent de se rendre à Versailles. Raoul Rigault, nullement embarrassé pour leur donner des remplaçants, recruta parmi ses amis et connaissances du quartier Latin une collection d'individus qui ne s'étaient jamais vus dans cette situation : avoir une place. Tous les habitués de l'*Académie de l'absinthe* et du *Cochon fidèle* étaient là. De l'ancien personnel il n'était resté que le concierge Charlet.

Les nouveaux employés de la préfecture passaient leur temps le plus agréablement possible : consommer des chopes et culotter des pipes, et cela, à indiscrétion. C'était la caisse de l'administration qui payait toutes ces libations, et, on l'a su depuis, deux de ces personnages, Riel, chef du bureau des passeports, et Leballeur, chef du bureau des garnis, y puisèrent si largement qu'ils furent emprisonnés.

Les prêtres arrêtés étaient emmenés à la Préfecture de police, où ils subissaient leur interrogatoire, et les ornements de leurs églises étaient enfouis dans les caves de cet hôtel.

Th. Ferré, membre du Comité de salut public, nommé à la délégation de la sûreté générale, se donne pour gardes du corps le 104ᵉ bataillon. Comme il était omnipotent, il ordonna d'enduire de pétrole les murs du bâtiment le mardi 23 mai. Le concierge Charlet, voulant s'opposer à cet acte criminel, fut envoyé au dépôt de la Préfecture de police.

Le même jour, ou plutôt le même soir, le citoyen Ferré, en compagnie de vingt-huit de ses amis, festoya jusqu'au lendemain matin. Après cette orgie, les vingt-neuf misérables, abêtis, ivres, mirent le feu au bâtiment sur onze points à la fois et se retirèrent (mercredi 24 mai).

Le courageux Charlet, qui guettait à une des fenêtres de l'endroit où il était renfermé, apercevant les flammes, fit appel à ses codétenus. Un barreau de la fenêtre fut tordu, tous se précipitèrent par cette ouverture libératrice et, courant vers l'édifice en feu, en sauvèrent une grande quantité de documents précieux.

LA CHANCELLERIE DE LA LÉGION D'HONNEUR.

Le palais, construit en 1786 par le prince de Salm-Kyrbourg, et où Mme de Staël, sous le Directoire, réunissait une société d'élite, n'a pas beaucoup souffert de l'incendie, qui y a été mis le lundi 22 mai.

Il est facilement réparable à l'extérieur ; quant à l'intérieur, tout a été presque consumé.

Mais le bâtiment contenant les archives de la chancellerie, et situé dans la même rue de Lille, est entièrement brûlé.

LA COUR DES COMPTES. — LE CONSEIL D'ÉTAT.

C'est en 1840 seulement que le Conseil d'État et la Cour des comptes, qui jusque-là avait occupé le Palais-de-Justice, urent installés dans le palais d'Orsay destiné d'abord à abriter le roi de Rome, puis le ministère des affaires étrangères.

Il ne reste plus grand'chose, non plus, de ces bâtiments. Les pierres seules ont été épargnées.

Dans la Cour des comptes, l'escalier d'honneur, décoré

par Th. Chassériau, a conservé ses allégories et ses grisailles.

Mais au Conseil d'État, la grande salle, contenant les portraits de Sully, Colbert, Vauban, Richelieu, Turgot, Suger, Portalis, Cambacérès, un tableau de Paul Delaroche et un autre de Delacroix, est tout à fait brûlée depuis le mardi 23 mai.

LE MINISTÈRE DES FINANCES.

Les hommes qui faisaient la guerre au capital devaient avoir projeté de détruire d'abord l'endroit où se gardait, véritable dépôt sacré, le grand-livre de la dette publique.

En anéantissant ce véritable monument de comptabilité, les malheureux pensaient anéantir les fortunes particulières et en même temps la fortune publique. Pour eux, plus de grand-livre, plus de titres de rente, partant plus de rentiers.

Ils ne songeaient pas, les égarés, que le capital seul peut faire naître le travail ; et que c'est le luxe des uns qui procure le bien-être aux autres.

Le nivellement des classes est une absurdité à laquelle, si on réfléchit une seconde, on ne peut pas s'arrêter.

Pour niveler les classes, sous le rapport de la propriété comme l'entend le socialisme, il faudrait d'abord niveler les intelligences, les aptitudes de chacun.

Comme il n'est pas possible aux hommes d'être également intelligents ou stupides, également laborieux ou fainéants, également ambitieux ou philosophes, il n'est pas possible non plus de les faire également riches ou pauvres.

Et il y aura toujours des riches et des pauvres, parce qu'il y aura toujours des vaillants et des paresseux, des intelligents et des imbéciles.

Et, de même qu'un ouvrier ne voudrait pas partager le

prix de sa journée avec son camarade qui aurait passé son temps à boire, de même, il ne doit pas vouloir partager avec celui qui a dépensé plus que lui d'habileté ou de talent.

Voilà ce qu'on devrait inculquer à ceux qui s'intitulent prolétaires ; cela leur serait plus profitable que les doctrines de la libre pensée. Ils verraient, dans ces maximes, la logique de la raison, qui veut que chacun soit payé selon ses œuvres.

Quand on parle du *grand-livre,* on se figure généralement qu'il n'est question que d'un seul livre ; on se trompe largement.

Ce qui constitue le grand-livre est la réunion de trois ou quatre mille livres de comptabilité sur lesquels est portée, à sa date, chaque inscription de rente avec les détails de son émission, de son transfert, de sa mutation ou de son annulation.

Un double de ces livres se trouve à la Caisse des dépôts et consignations. Ici, ce ne sont plus des registres, mais des fiches classées par ordre alphabétique indiquant le nom du titulaire de la rente, le numéro, la somme, la date de la création et de la jouissance, et la nature de l'inscription.

Ces fiches sont placées dans des pupitres, qui ont pu être sauvés.

Mercredi matin, 24 mai, deux employés du ministère des finances, M. de Colmont et M. de Bray, avec l'aide d'un petit nombre de soldats, se sont bravement introduits dans l'intérieur du ministère avec l'intention de sauver les milliers de registres formant le grand-livre actuel. Il fallait, pour cela, monter au second étage. Ce sauvetage a pu néanmoins être accompli, malgré les périls qui surgissaient à chaque instant, et le grand-livre a été immédiatement transporté à Versailles, où il aurait dû être dès le jour où le ministre des finances s'y était installé.

Ce qu'on n'a pu dérober aux flammes, ce sont les anciens grands-livres de rentes 5 pour 100, et les archives du ministère.

Cette perte est grande, en ce sens qu'elle empêchera maintenant toutes les recherches sur l'origine de la propriété de certaines rentes, dont quelques-unes remontent à des emprunts faits sous Louis XVI.

On a sauvé des bureaux de la caisse centrale les titres de rentes déposés pour les échéances du 22 mars et du 1er avril.

Le feu a été mis, au ministère des finances, dès le lundi 22 mai.

LA CAISSE DES DÉPOTS ET CONSIGNATIONS.

Cette administration est pour ainsi dire une annexe du ministère des finances, et comme telle, elle devait subir le même sort. Elle fut, sous l'empire, installée dans l'ancien hôtel de Praslin, rue de Lille, 56, bâti en 1724, par Druant, pour le maréchal de Belle-Isle, petit-fils du surintendant Fouquet. Plus tard, sous le consulat, le comte Demidoff, l'aïeul du Demidoff que Paris moderne a connu, vint habiter l'hôtel de Praslin.

Bien peu de choses ont pu être sauvées dans l'incendie de cette caisse publique, allumé le 22 mai, si ce n'est, comme nous l'avons dit à l'article ministère des finances, le double du grand-livre.

LE GRENIER D'ABONDANCE.

Qui les fédérés ont-ils voulu frapper en incendiant, le 25 mai, ces vastes magasins où plus de 13 millions de marchandises étaient entassés ? Cette construction ne datait que de 1807; elle servait de réserve aux boulangers de Paris et son stock égalait toujours la quantité de farines nécessaire à l'approvisionnement de Paris pour deux mois.

Lors de la liberté de la boulangerie, M. Godillot utilisa

ces magasins pour y établir de vastes docks du commerce, dont il ne reste plus aujourd'hui que les quatre murs.

LE THÉATRE DE LA PORTE SAINT-MARTIN.

Le jeudi 25 mai, dans l'après-midi, des insurgés entrèrent chez Deffieux, le restaurateur si connu du boulevard Saint-Martin, firent une descente dans la cave et en emportèrent ce qu'ils ne purent boire.

D'autres insurgés envahissaient en même temps les maisons avoisinantes et prenaient leurs dispositions pour s'y installer, afin de faire feu sur les troupes par les fenêtres.

Les femmes et les enfants effrayés prièrent à genoux les fédérés de renoncer à ce projet, qui pouvait avoir de si funestes conséquences pour tous.

Le chef de la bande sembla se rendre à ces supplications et dit aux malheureux qui l'imploraient qu'il ne se servirait des maisons que pour y établir des ambulances.

C'était un mensonge, car un instant après, d'autres insurgés, mais en plus grand nombre, revenaient conduits par le même homme.

Ces nouveaux venus, sans s'arrêter à aucune prière, pillèrent chambre par chambre.

Un locataire, poussé à bout par tant de déprédations, de cynisme et de cruauté inflexible, eut le malheur de souffleter un insurgé. Immédiatement, tous les autres se ruèrent sur les locataires qu'ils étaient venus dévaliser, et massacrèrent sans pitié les hommes, les femmes et les enfants, qui cherchaient en vain un refuge dans les chambres les plus reculées.

Quand il ne resta plus personne à tuer, les fédérés complétèrent leur crime en mettant le feu partout et bientôt, depuis Deffieux jusqu'au théâtre de la Porte-Saint-Martin, ce ne fut plus qu'un immense brasier.

Le théâtre de la Porte-Saint-Martin occupait une salle bâtie provisoirement pour remplacer celle de l'Académie royale de musique, qui venait d'être détruite dans un incendie le 8 juin 1781.

La perte de l'Opéra faisait un tel vide dans l'existence des Parisiens, que de tous côtés on réclamait sa réédification.

L'architecte Lenoir, en attendant qu'on choisît un terrain propre à rebâtir le temple de la musique, construisit en quarante jours, sur un terrain qui lui appartenait, près la porte Saint-Martin, une salle provisoire qui aurait duré longtemps encore sans la rage des incendiaires de la Commune. L'inauguration eut lieu le 27 octobre 1784, par une représentation gratuite ; ce qui permit de juger de la solidité de la nouvelle construction.

Cette salle s'appela d'abord Académie lyrique, puis salle des Jeux gymniques et théâtre de la Porte-Saint-Martin.

F. Pyat y a fait représenter, en juin 1841, un drame intitulé *Les deux Serruriers* qui eut un grand succès. Il est curieux de rappeler ce que disait à cette époque Th. Gautier de cet auteur dramatique, qui devait devenir un homme politique si tristement célèbre :

« M. Félix Pyat est un esprit aventureux, inquiet, para-
» doxal, et avec qui l'on est sûr, sinon d'une bonne pièce,
» au moins d'une œuvre singulière et jetée hors du moule
» commun. — Outre ce mérite, M. F. Pyat a celui d'être un
» homme littéraire, de chercher le style, et d'écrire en fran-
» çais ».

LE THÉATRE-LYRIQUE.

Le Théâtre-Lyrique et le théâtre du Châtelet sont deux bâtiments de construction haussmannesque. Ils n'ont de remarquable que la grandeur de leurs salles et la commodité de leurs aménagements.

Le mercredi, 24 mai, quarante fédérés, menés par un colonel d'état-major, se présentèrent au Théâtre-Lyrique où ils ne trouvèrent que Mme Mial, la concierge. Ils avaient des quantités de pétrole avec lesquelles ils badigeonnèrent les murs à l'intérieur, et cela devant Mme Mial qu'ils avaient forcée à rester et qui aurait certainement péri dans ce nouveau sinistre, si elle n'avait réussi à échapper à la surveillance des incendiaires.

Il ne reste de ce théâtre que la façade et le foyer du public.

LE THÉÂTRE DU CHATELET.

Pour raconter ce qui s'y est passé, nous ne pouvons mieux faire que de reproduire des fragments de la lettre adressée au *Figaro* par des témoins oculaires de l'événement :

Mercredi, 24 mai, à une heure un quart (trois heures environ avant l'incendie du Théâtre-Lyrique), quatre bandits, après avoir forcé l'entrée du café situé à l'angle du quai, ont pénétré dans la salle par la porte qui, de ce café, établit le soir des représentations une communication avec le vestibule du théâtre, et ont contraint, le revolver au poing, le concierge, Julien Clément, ainsi que les trois pompiers de service, à sortir immédiatement pour leur laisser consommer leur crime.

Restés maîtres du théâtre, ces misérables incendiaires placèrent dans la partie du bâtiment formant façade sur la rue des Lavandières Sainte-Opportune un immense panier d'osier dans lequel étaient entassés de vieux costumes hors d'état de servir, et une grande quantité de journaux ; mais avant d'y mettre le feu, ils inondèrent le tout de pétrole, en arrosèrent le sol et en lancèrent même sur tous les meubles servant chaque soir aux représentations du *Courrier de Lyon*.

Après tous ces préparatifs faits et le feu mis, ils se retirèrent satisfaits de leur action criminelle, mais revinrent à plusieurs reprises pour raviver l'incendie qui n'allait pas assez vite à leur gré, menaçant de brûler la cervelle à quiconque tenterait d'en arrêter les progrès.

Après leur départ définitif, deux hommes (*les frères Margouland*), employés au journal *le Figaro,* et qui, depuis deux jours, étaient cachés dans le théâtre, afin d'éviter d'être pris par les émissaires de la Commune comme gardes nationaux réfractaires, purent enfin sortir de leur cachette et faire rentrer le concierge. Alors, avec l'aide des nommés *Eugène Guillorret*, gazier, *Charpentier*, machiniste, *les frères Binet*, aussi machinistes, et secondés par tous les voisins accourus, tous les efforts furent faits pour arrêter l'incendie ; enfin, après deux jours et deux nuits d'un dévouement presque surhumain, on parvint à le circonscrire dans l'endroit seulement où il avait été allumé. — Malheureusement, à gauche se trouvait le magasin des costumes de femmes, celui des meubles et accessoires du théâtre, et au-dessus un étage dans lequel étaient renfermés les costumes d'hommes ; aussi, tout ce matériel, qui représentait une valeur de 50 à 60,000 francs, a-t-il été complétement brûlé.

Les loges des artistes, les bureaux d'administration, la scène tout entière, ainsi que la salle, tout cela est resté intact. Les décors mêmes qui servaient aux représentations du *Courrier de Lyon* sont sur le théâtre, et les acteurs n'auraient qu'à monter dans leurs loges pour revêtir leurs costumes, les seuls échappés au désastre.

Une cour martiale a fonctionné pendant quelques jours au Châtelet, à la suite de ces criminels événements.

LES DÉLASSEMENTS-COMIQUES.

Jamais théâtre n'avait subi autant de diversités de fortune que celui qu'en langage du demi-monde on appelait les *Délass.-Com.*, brûlé le 26 mai.

En 1763, un théâtre du nom de *Délassements-Comiques* existait déjà sur le boulevard du Temple ; en 1787 un incendie le détruisit. Reconstruit peu de temps après, il ferma ses portes en 1807 après le décret réduisant le nombre des théâtres dans Paris.

Un café s'y établit, sous la dénomination de *Café d'Apollon* ; Mme Saqui, célèbre dans l'art acrobatique, rouvrit ce théâtre qui prit le nom de *Théâtre des Acrobates*, ce qui indique suffisamment le genre de spectacle qu'on y offrait.

En 1830, ayant obtenu la permission de joindre à ses exhibitions de danses de corde quelque peu de drame et de vaudeville, il s'appela *Théâtre de Mme Saqui*. En 1841, démoli et rebâti, il reprit son premier nom de *Délassements-Comiques*, toujours sous la direction de Mme Saqui.

Transporté quelques années après, par suite de démolitions, du boulevard du Temple à la rue de Provence, il dut quitter cette dernière rue quand on prolongea la rue Lepeletier et vint alors se réfugier au boulevard du Prince-Eugène.

Raoul Rigault, qui y venait chaque soir se délasser des folies de la Commune, n'a pas eu un sentiment de commisération pour le lieu où il cherchait ses plaisirs. Il a voulu qu'il fût englouti avec lui, et n'a pas eu la pensée que bien des malheureux qui l'avaient amusé, en attendant la réparation du désastre qu'il causait, seraient fort embarrassés de gagner leur pain quotidien.

LA MAIRIE DU IVᵉ ARRONDISSEMENT.

Le feu y a été mis le mercredi soir, 24 mai. La salle des fêtes, située dans l'aile donnant sur la rue Vieille-du-Temple, n'existe plus.

Les employés avaient reçu ordre d'y passer la nuit; mais heureusement, ils ont réussi à fuir, quoique les insurgés tirassent des barricades voisines.

La mairie a brûlé jusqu'au lendemain, et, détail horrible, des fédérés se livraient à des exécutions dans la cour sur des personnes arrêtées comme suspectes.

La mairie du Xᵉ arrondissement a également été détruite de la même manière et à peu près dans le même temps.

DOCKS DE LA VILLETTE.

C'est vendredi soir, 26 mai, que ces magasins, propriété de M. Trotrot, ont été à leur tour la proie des flammes.

Environ 60 millions de marchandises y ont été perdus. De pareilles pertes ne sont-elles pas faites pour amener des désastres commerciaux ?

Qu'est devenue la splendeur de Paris ? Pauvre ville, elle expie trop cruellement son insouciance, son sybaritisme et sa vie épicurienne.

Pendant vingt ans, elle a été la moderne Capoue : elle a failli être la moderne Carthage.

PROPRIÉTÉS PARTICULIÈRES.

Le quartier de la rue Royale a supporté le premier la fureur des incendiaires.

Les deux premières maisons formant l'angle du faubourg Saint-Honoré et de la rue Royale, et la maison en face, faisant le coin de la rue Royale et de la rue Saint-Honoré où elle portait le n° 422, n'existent plus. Ce dernier incendie a malheureusement causé une perte irréparable pour les arts. Madame Decamps, la veuve de l'illustre peintre, qui habitait au n° 422, gardait, avec un soin pieux, vingt des plus beaux tableaux de son mari. Tout est réduit en cendres. Outre la perte matérielle, évaluée à plus de 300,000 fr., combien on doit déplorer la destruction de pareils chefs-d'œuvre !

Dans la rue Royale, presque chaque maison porte la trace des balles ou des obus.

Pour donner un aperçu de la façon d'opérer des misérables lorsqu'ils voulaient incendier les maisons habitées, suivant eux, par des *réactionnaires*, nous détachons d'une lettre adressée au *Temps* les passages suivants ; les faits se sont passés le lundi 22 mai, rue Royale.

« M. Dalmagne, voyant que la situation devenait de plus en plus grave, descendit au rez-de-chaussée et trouva deux insurgés qui lui dirent : « Dis donc, nous attendons du » pétrole pour f... le feu dans la baraque. » M. Dalmagne leur fit observer qu'il y avait dans la maison huit ou neuf personnes inoffensives, des femmes âgées, des vieillards. « Est-ce que cela me regarde ? c'est l'ordre ; et puis nous » sommes f...; il faut que tout le monde y passe. » M. Dalmagne monta vivement à tous les étages pour prévenir toutes les personnes qui y étaient ; **mais au moment où il quittait l'appartement du cinquième étage, la fumée se** répandit dans tout l'escalier ; il descendit vivement, jeta au milieu du corridor le linge et les chiffons qui se trouvaient sur les marches de l'escalier ainsi que dans la loge du concierge, tout imbibés de pétrole, jeta de l'eau, et, à force de piétiner, finit par éteindre le feu (pour la troisième fois), malgré les balles qu'on faisait pleuvoir de la maison d'en face, n° 18. M. Dalmagne hasarda, par une fenêtre du deuxième, de parlementer, en suppliant qu'on laissât au moins sortir les vieillards ; mais on lui répondit par une décharge de trois coups de feu qui ne l'atteignirent pas.

. . . .

» Les chasseurs de Vincennes venaient d'occuper le n° 23 ; M. Dalmagne, songeant qu'en perçant le mur il pourrait se faire entendre de l'armée, se mit à l'œuvre avec ardeur ; après *quatre heures* d'un travail sans relâche, les bras et les mains ensanglantés, et aidé autant qu'il le pouvait par M. Clémençay, vieillard de 76 ans, le mur se trouva enfin percé, et il put se faire entendre d'une dame, qu'il pria d'aller chercher un officier de l'armée pour qu'on pût venir au secours de tous les infortunés qui allaient infailliblement rôtir.

» Deux minutes après, survint M. Quitteray, capitaine au 10ᵉ bataillon de chasseurs à pied ; il vit la triste situation, s'empressa de faire appeler ses sapeurs qui, en un instant, élargirent la brèche et purent faire passer tous ces pauvres gens ; quelques minutes après, la maison était en feu ; il était une heure du matin.

» Voici le nom des personnes qui ont été sauvées de la cruelle situation qu'on vient de raconter :

» M. et Mme Petersen, M. et Mme Clémençay, 72-76 ans ; M. et Mme ***, anciens tapissiers, 70-75 ans, tous anciens ouvriers, vivant de leurs petites rentes ; une autre dame âgée de 66 ans et une dame italienne.

» Personne n'a pu emporter quoi que ce soit.

» Dans le passage de la Madeleine, il y avait quantité de malheureux qui avaient fui les maisons incendiées du faubourg Saint-Honoré : des femmes qui allaitaient leurs enfants n'avaient pas de quoi les changer ».

Dans cette même rue Royale, des pompiers vendus à la Commune se servaient de leurs pompes pour lancer des jets de pétrole, au lieu d'eau, sur les maisons déjà en feu. Tous ceux qui furent pris se livrant à cet acte abominablement criminel furent immédiatement fusillés.

Que de victimes dans ces incendies de la rue Royale et de la rue du Faubourg-Saint-Honoré ! A la maison située à l'angle du faubourg, côté droit, sept personnes ont été ensevelies sous les décombres.

Plus loin, dans la rue Royale, dans une maison d'accouchement, vingt-deux malheureuses femmes en couches n'ont pu être sauvées; elles ont été brûlées vives.

Ce sont les fédérés qui ont mis eux-mêmes le feu à la poudrière du Luxembourg, dans l'espoir, sans doute, que cette explosion entraînerait la destruction de ce palais.

La rue Vavin seule a souffert de cette catastrophe; quatre maisons y ont été incendiées et cinq fortement endommagées.

Les bâtiments de l'exploitation et de la traction du chemin de fer de Lyon, la gare de Montparnasse, le grand café Parisien, le café Gibé (boulevard Beaumarchais), le café des Phares de la Bastille, l'Arsenal (bâtiments de la direction des poudres, salpêtres et capsulerie de guerre), les magasins du Cherche-Midi et ceux du Tapis-Rouge ont été détruits par le feu

Dans ce dernier, douze gardes nationaux accompagnés d'un capitaine se présentent en disant :

« Nous venons mettre le feu ici ! »

Le propriétaire de ce magasin essaie de résister, offre de l'argent, supplie qu'on lui laisse emporter ses livres, sa caisse ; le capitaine ne veut rien entendre.

« *Allumez !* » se contente-t-il d'ordonner tranquillement à es hommes.

Et ceux-ci, obéissant sans hésitation, répandent du pérole, l'enflamment, ... et tout fut dit !

La rue de Lille est une de celles qui ont le plus souffert : 9 maisons y ont été incendiées ; dans la rue du Bac, on en compte 9.

Rue de Rivoli, les maisons qui font face à la colonnade du Louvre et celles avoisinant l'Hôtel-de-Ville sont détruites.

La maison portant le n° 38 de cette rue a été sauvée de l'incendie grâce à l'énergie et au courage d'un voisin, le docteur Joulin, professeur à l'École de médecine, et de M. Levasseur, pharmacien, rue de la Monnaie. Contraints de l'épargner, les misérables l'ont pillée du haut en bas. Les appartements de madame Dentu, de M. Duplantier et celui de M. Auguste Barbier, membre de l'Académie française, ont particulièrement souffert des violences des insurgés. Ces appartements ont été saccagés, pillés, les meubles jetés par les fenêtres, les habitants menacés de périr dans les flammes ou d'être fusillés.

Du reste, presque toutes les maisons incendiées ont d'abord été pillées ; des femmes, horribles mégères, ramassaient sous les fenêtres les objets qu'on leur jetait d'en haut.

S'il nous fallait énumérer une à une les maisons qui ont été atteintes dans la semaine qui a marqué la délivrance de Paris, nous aurions, hélas ! une trop longue liste à établir.

Il n'est presque pas une rue, un boulevard ou une place qui ne porte les traces de la terrible lutte des huit journées ; partout où les insurgés ont passé, ils ont laissé des désastres ou des ruines, qui les maudissent dans le présent et qui les flétrissent dans l'avenir.

LES ÉPAVES.

Nous avons dit ce qu'ils avaient ait : les monuments détruits ; mais nous n'avons pas dit ce qu'ils voulaient faire. Nous allons le raconter en quelques lignes.

Les Postes devaient être incendiées comme le reste. M. Theisz, délégué de la Commune à cette administration, a empêché que le mal ne s'accomplît. Il faut dire qu'il a été secondé par les employés de cette administration qui se sont opposés à l'entrée des incendiaires.

Les magasins du Louvre. Le citoyen Landeck, délégué de la Commune, se présenta le lundi 22 mai dans ces magasins pour réquisitionner du linge devant, disait-il, servir aux ambulances. Quelques employés, et M. Hériot, un des actionnaires de la maison, voulurent s'opposer à ce pillage ; mais Landeck et ses hommes, le revolver au poing et le chassepot au bras, menacèrent de tuer quiconque s'opposerait à *l'accomplissement de leur devoir.*

Le mardi, les mêmes hommes revinrent demandant cette fois des ballots de marchandises pour la construction des barricades, annonçant que si on refusait ils allaient incendier toute la maison. Napias-Piquet était chargé de cette besogne dans le premier arrondissement. Les troupes de Versailles ne lui laissèrent pas le temps de l'accomplir tout entière : il fut pris et fusillé ce même mardi. On trouva sur lui, en fait de papiers curieux, la carte d'un déjeuner qu'il avait fait la veille et dont le total se montait à 57 fr.

Les magasins du Louvre en furent quittes pour la peur et pour une cinquantaine de glaces brisées.

L'HÔTEL DU LOUVRE ne fut en butte qu'à une occupation et à une réquisition de matelas et de vivres. Il fut sauvé de la même façon que les magasins du rez-de-chaussée.

BERCY. Si ces immenses entrepôts sont encore debout, il faut en remercier avec effusion le 52° bataillon de la garde nationale qui, non-seulement n'a pas voulu se rallier à la Commune, mais a refusé de lui remettre ses fusils. Le délégué communal n'a pu incendier que la mairie et l'église qui y attenait.

LES ARCHIVES. A l'encontre de bien d'autres, M. Alfred Maury, membre de l'Institut, était resté à son poste de directeur des Archives, avec une demi-douzaine d'employés qui partagèrent son dévouement.

Le 23 mai, mardi, deux hommes, Alavoine, et Debock, directeur de l'imprimerie nationale, se présentèrent chez M. Maury avec un ordre émanant de la Commune pour *empêcher par tous les moyens en leur pouvoir* (d'eux Alavoine et Debock) *toute tentative d'incendie qui pourrait être faite aux Archives nationales.*

Comment et pourquoi cet ordre, si différent de ceux provenant de la même source, avait-il été obtenu ? c'est ce que personne ne songea à demander dans le moment.

Mais, forts de cette pièce, les employés des archives et 19 gardes nationaux du 55°, avec M. Maury à leur tête, préservèrent les 30 millions de dossiers déposés dans le bâtiment sur lequel, par l'énergie de son directeur, le drapeau rouge n'a jamais flotté.

NOTRE-DAME. Les internes de l'Hôtel-Dieu ont été les sauveurs de cette vieille et vénérée basilique. Les insurgés, en abandonnant la Cité, avaient mis le feu à une sorte de bûcher qu'ils avaient installé dans l'intérieur de l'église avec des tonneaux de pétrole et des chaises.

Après le départ des incendiaires, les internes de l'Hôtel-Dieu accoururent, isolèrent les tonneaux de pétrole de tout ce qui était bois et laissèrent se consumer l'essence dont la flamme ne pouvait rien sur les voûtes élevées de la nef.

SAINT-EUSTACHE. Il s'en est fallu de bien peu que cette église ne soit entièrement détruite. Les insurgés avaient allumé l'incendie dans la partie élevée de l'édifice.

M. Vallier, professeur de St-Cyr, lieutenant au 3e bataillon de la garde nationale et servant dans le 5e régiment provisoire, monta jusque dans le clocheton, d'où l'on voyait sortir les flammes, pour se rendre compte de l'importance du danger. Redescendant vivement, il appela quelques hommes de bonne volonté qui, faisant la chaîne, se furent bientôt rendus maîtres du feu.

La façade de St-Eustache a été trouée par quelques obus ; mais, en somme, les dégâts ne sont pas bien importants, en raison de ce qu'ils auraient pu être.

Le VAL-DE-GRACE. Cet établissement hospitalier, après avoir reçu 150 obus prussiens pendant le siège, n'a pas été épargné davantage pendant la guerre civile. Fédérés et troupes régulières l'ont endommagé.

La Commune s'était imaginé que le Val-de-Grâce renfermait une quantité considérable d'armes de guerre, et sur ces soupçons absurdes, des perquisitions eurent lieu à différentes reprises, et le jour où l'armée entrait dans Paris, on en faisait encore une. Les fédérés n'avaient même pas un semblant de considération pour l'asile où plus de 500 des leurs avaient trouvé les soins les plus fraternels.

Le 23 mai, le 161ᵉ bataillon fédéré occupa le Val-de-Grâce avec ordre de fusiller les employés, mission qu'il n'eut pas le temps d'exécuter.

Pendant ce temps, les obus tombaient sur le Val-de-Grâce des batteries fédérées, essayant de tirer sur les troupes; les soldats à leur tour, prenant le dôme du Val-de-Grâce pour celui du Panthéon, dirigeaient également leur feu de ce côté: une seule chambre de cet hôpital a reçu jusqu'à 37 obus.

De plus, l'explosion de la poudrière du Luxembourg et les projectiles y ont brisé près de 1,300 carreaux.

Les Gobelins. Ceux qui n'avaient respecté ni la religion, dans la proscription des églises ; ni la charité, dans la profanation des hôpitaux; ni l'ordre social, dans la destruction des finances; ni les arts, dans l'incendie des plus beaux monuments de la capitale ; ni le commerce, dans l'anéantissement des docks ; ne devaient pas respecter davantage l'industrie, dans l'une de ses plus glorieuses incarnations. La manufacture des Gobelins était destinée à périr par ceux-là mêmes qui se posaient en apôtres du travail : une poudrière était établie dans ses murs.

Il s'est trouvé un homme, M. Combes, ancien adjoint au XIIIᵉ arrondissement, pour éviter à Paris une nouvelle catastrophe. Dirigeant les travaux de sauvetage, il sut utiliser intelligemment le dévouement que lui apportait le personnel de la manufacture.

On ne put malheureusement sauver les tapisseries de la galerie d'exposition ; mais bien des pièces avaient été mises en sûreté depuis le siège.

La Monnaie. Ici encore, c'est au zèle et au courage des employés qu'on doit le salut de cet édifice, dans les caves duquel, comme de tant d'autres, des tonneaux de poudre et de pétrole avaient été amassés par les insurgés. Très-peu des objets enlevés aux églises ont été fondus ; ceux qui n'ont pas été mis à la fonte sont sous scellés et seront restitués à leurs propriétaires; quant à ce qui a été pris dans les différents palais impériaux, la Commune n'avait conservé provisoirement que les objets d'art; les autres ont été convertis en monnaie.

La Caserne d'Orsay. L'intérieur, au centre, est seul brûlé.

La Caserne Napoléon. Cinquante tonneaux de poudre étaient dans les caves, prêts à faire sauter la caserne et les maisons du quartier. Un soldat du 109ᵉ de ligne, appartenant à la compagnie hors rang qui était restée à Paris, confectionne, dans le cabinet du commandant fédéré, un faux ordre, qui ordonne aux gardes nationaux présents de remporter la poudre.
Les fédérés trompés obéissent, la caserne était sauvée !

La Banque. La lettre que M. le marquis de Plœuc, sous-gouverneur de la Banque de France, a adressé au *Bien public* explique que :
« C'est à l'énergie, à la ferme attitude et à la cohésion du
» personnel armé et non armé de la Banque de France, et
» au concours du délégué de la Commune, M. Beslay, qu'on
» doit attribuer la conservation de ce grand établissement
qui, pendant soixante-neuf jours, excita la convoitise de
l Commune. »

LES PÉTROLEUSES.

Ce qu'il y a de plus monstrueux dans cette lutte de huit jours, c'est l'ardeur des femmes à exciter les hommes au combat, à se mêler à la lutte, à faire elles-mêmes le métier d'incendiaires, en se donnant leurs enfants pour complices.

Plus acharnées que les hommes, elles agissent avec plus de cynisme; car, si les premiers puisent souvent dans l'abus des alcools un stimulant à leur énergie, les secondes trouvent ce stimulant dans leur propre exaltation.

Un homme livré aux mauvaises passions est une brute; une femme est une furie.

Dès le commencement de la Commune, on a vu ces exaltées se réunir dans les clubs, discuter les projets socialistes les plus insensés, demander les réformes les plus impies; on les a vues s'enrôler, s'enrégimenter, combattre! Depuis, on les a surprises, le pétrole à la main, cherchant à incendier les maisons, parce que là, disaient-elles dans leurs sentiments de basse envie, il y a un riche !

Affectant une tenue honnête, une mine modeste, elles allaient par les rues une mèche incendiaire à la main ou une bouteille de pétrole cachée dans les plis de leur robe, ou, par un raffinement d'astuce, portant ostensiblement une boîte à lait dans laquelle se trouvait ce qu'il fallait pour exécuter leurs coupables desseins; en passant devant une ouverture quelconque, elles jetaient ou la mèche ou la bouteille, ou la boîte à lait, et continuaient leur route sans même détourner la tête.

Que d'exemples n'a-t-on pas eus de la rage qui animait ces créatures à qui on ne sait quel nom donner!

La femme du général La Cécilia, quoique allaitant son enfant âgé de sept mois, se fait tuer sur une barricade où elle apportait des pavés.

Rue de Lancry, une jeune fille de dix-huit ans tue un officier d'état-major de l'armée.

Boulevard Saint-Denis, un colonel meurt d'un coup de revolver, tiré par une femme.

Le jour de l'entrée de l'armée dans Paris, une *compagnie* de trente femmes, crêpe au bras, la jupe relevée dans la ceinture, les manches retroussées, une écharpe rouge à la ceinture, part de l'Hôtel-de-Ville en courant et en traînant une mitrailleuse, avec ses caissons de munitions, qui leur avaient été donnés par Jules Vallès. Ces femmes vont au-devant des soldats avec la résolution de ne pas reculer.

En fouillant les papiers de Félix Pyat, on trouve une quantité de lettres de femmes demandant qu'on fusille les otages.

A l'entrée de la rue du Faubourg-du-Temple, dans la journée de jeudi, une femme et un enfant seuls avec deux pièces de canon dissimulées derrière une barricade faite de voitures et de matelas, tirent à toute volée sur la troupe.

La femme d'Eudes, un des généraux de la Commune, meurt fusillée pour avoir été prise les armes à la main ; elle n'avait que vingt ans.

Une femme tue d'un coup de revolver, M. Baudin, commandant d'artillerie, passant boulevard Bonne-Nouvelle.

Rue du Faubourg-Poissonnière, un capitaine est blessé, et un caporal tué par deux coups de feu, tirés d'une maison. Un officier monte avec une escouade dans l'appartement d'où sont partis les coups, il y trouve une dame rechargeant son arme. Elle demande grâce; l'officier est prêt à céder, lorsqu'elle prend un revolver dans son corsage pour tuer l'officier. Elle a été fusillée immédiatement.

Devant le n° 138 de la rue de Rivoli, dont nous avons raconté le pillage, des femmes endossent dans la rue les robes qu'on leur jette par les fenêtres, courent à la barricade de la rue de la Monnaie, et dans ces costumes luxueux font le coup de feu contre la troupe de ligne. Toutes ont été fusillées quelques minutes après, revêtues de ces effets volés.

Une femme faite prisonnière, qu'on néglige de fouiller, tue d'un coup de revolver l'officier qui commande l'escorte.

Une autre coupe avec son couteau la tête d'un soldat blessé.

Une autre, en offrant des cigares à un officier, fait feu sur lui.

La femme de Millière combattait à côté de son mari ; elle a été prise les armes à la main.

Place Vendôme, treize pétroleuses sont prises en flagrant délit et fusillées.

Six autres sont également arrêtées rue du Quatre-Septembre avec des enfants de douze à quinze ans.

Rue Miromesnil, des femmes et des enfants sont pris portant des arrosoirs remplis de pétrole.

LES POMPIERS.

Après avoir raconté tant de crimes, on est heureux de pouvoir parler un peu de ceux qui sont venus spontanément offrir leur dévouement, leur courage à Paris en feu.

Après l'armée, qui a combattu, viennent les pompiers, qui ont cherché à atténuer autant que possible l'immensité des désastres.

Les premiers accourus sont les pompiers de l'Eure, d'Eure-et-Loir, de la Seine-Inférieure, de Seine-et-Marne, de Seine-et-Oise et de toutes les localités entourant Paris.

Le colonel Willermé, secondé par le commandant Dolfus, de l'état-major de la garde nationale, a intelligemment et activement organisé le service de secours ; et Paris conservera religieusement le souvenir de ces hommes qui, sans reculer devant mille dangers : balles, obus, pétrole, torpilles, mines, etc., lui ont épargné de plus grands malheurs.

La Belgique et l'Angleterre ont tenu à honneur de mettre à la disposition du gouvernement de Versailles plusieurs compagnies de pompiers ; ceux de Belgique sont arrivés assez à temps pour pouvoir prêter un utile concours.

C'est aux pompiers de Rambouillet, de Chartres, d'Epernon et de Saint-Germain qu'on doit la conservation de la Sainte-Chapelle.

Les premiers surtout ont été admirables ; ils sont restés

consécutivement à l'œuvre pendant trois jours et quatre nuits.

Les pompiers de Fontainebleau ont contribué à préserver les galeries du Palais-Royal; ceux d'Orléans ont eu pour mission d'arrêter les progrès du feu au ministère des finances et de préserver les alentours de la Caisse des dépôts et consignations.

Les émigrés parisiens, résidant à Saint-Germain, ont fait une souscription pour offrir aux pompiers de cette localité une couronne d'or, avec cette inscription : *Incendie de Paris* 1871 ; à Fontainebleau une somme importante a été réunie parmi les réfugiés pour la création d'une caisse de secours en faveur des pompiers de la ville. **Les Parisiens résidant à Paris ne pourraient-ils pas suivre ces exemples pour les pompiers qui sont venus à son secours?**

LES FUSILLADES.

1792 avait eu ses journées de septembre; la Commune a voulu avoir ses journées de mai, et elle a couronné l'incendie de Paris par le massacre de ceux qu'elle appelait ses otages et qu'elle avait emprisonnés dans des jours de haine et de démence.

L'archevêque de Paris, monseigneur Darboy, était une des victimes désignées d'avance; il a été arrêté le 4 avril et conduit à la Conciergerie, puis transféré de Mazas à la Grande-Roquette, où il occupait la cellule n° 21.

Le délégué à la sûreté, Ferré, se présenta à cette prison le mercredi soir, 24 mai, en annonçant que six membres de la Commune ayant été fusillés par les soldats, la Commune voulait, à son tour, faire fusiller six de ses prisonniers; et il désigna pour être exécutés : Mgr Darboy, M. le président Bonjean, l'abbé Allard, membre de la Société Internationale de secours aux blessés, le P. Ducoudray, supérieur de l'école Sainte-Geneviève, le P. Clerc, de la compagnie de Jésus, et M. l'abbé Deguerry, curé de la Madeleine.

Insultées de la façon la plus ignoble par les gardes nationaux entre lesquels ils passaient, les six victimes furent conduites dans la cour précédant l'infirmerie et fusillées à la lueur d'une lanterne que portait un fédéré. Les six corps furent conduits au Père-Lachaise et jetés dans la fosse commune, d'où ils furent bientôt retirés.

Le service funèbre de Mgr Darboy et des autres victimes des scélérats de la Commune a eu lieu à Notre-Dame, le 7 juin; une députation de 50 membres de l'Assemblée nationale y assistait, ainsi que le maréchal Mac-Mahon et les généraux qu'il commande.

Gustave Chaudey, du *Siècle*, arrêté comme otage au mois d'avril, avait été transféré, le 19 mai, de Mazas à Sainte-Pélagie, sur un ordre de Dacosta, où le citoyen Ranvier, père du Ranvier de la Commune, directeur de cette dernière prison, l'écroua comme *déclaré coupable d'assassinat*.

Mardi, 23 mai, à onze heures du soir, Raoul Rigault, ennemi personnel et acharné de Chaudey, vint lui annoncer qu'il fallait mourir, *et tout de suite*.

Et l'exécution se fit là aussi à la lueur d'une lanterne !

Raoul Rigault a été aidé dans cet assassinat par le greffier Clément, le brigadier Gentil et un Préau de Védel, détenu à Sainte-Pélagie pour escroquerie, qui lui offrit son aide volontairement.

Trois gardes républicains de la caserne des Célestins, arrêtés le 22 mars par ordre du Comité central, et détenus jusque-là sans jugement, ont été fusillés en même temps que Chaudey.

Le vendredi, 26 mai, et toujours le soir, quinze personnes furent encore fusillées à la Roquette. Le lendemain, vingt-deux autres subirent le même sort; de plus, dans la nuit de vendredi à samedi, trente-huit gendarmes furent extraits de la Roquette, sous prétexte de transfèrement, et conduits au Père-Lachaise, où les gardes nationaux les fusillèrent.

Le samedi, 27 mai, dans l'après-midi, Ferré mit en liberté les détenus qui se trouvaient à la Roquette par suite de condamnations régulières et en attendant leur transfert au bagne. Des armes leur furent données et ils s'en servirent d'abord pour massacrer le plus de prisonniers de la Commune qu'ils purent, entre autres soixante-dix gendarmes.

Il est certain que si la lutte avait duré un jour de plus, *tous* les otages de la Commune eussent infailliblement péri.

La prison disciplinaire, avenue d'Italie, 38, fut aussi le théâtre d'un massacre.

Le 19 mai, la Commune avait fait procéder à l'arrestation des dominicains d'Arcueil, à l'école Albert-le-Grand. Ils avaient été amenés, pères, professeurs et domestiques, au fort de Bicêtre. Jeudi, 25 mai, on les conduisit à l'avenue d'Italie.

De là, on voulut les faire marcher jusqu'à la plus prochaine barricade; mais, trop vivement attaqués par les troupes, les insurgés ne purent s'y maintenir, et ramenèrent leurs prisonniers à la prison disciplinaire.

Quelques instants après on leur ordonna de sortir dans la rue un à un.

Et, un à un, ils tombèrent frappés par les fédérés, placés en dehors et de chaque côté de la porte.

Dix-neuf cadavres gisaient un peu plus tard dans la rue !

Nous ne dirons pas toutes les tortures morales, toutes les vexations, toutes les humiliations que supportèrent, pendant leur illégale captivité, ceux que la Commune appelait ses otages.

L'histoire racontera plus tard ces infamies qu'on ne pouvait soupçonner, et qui se passaient à l'ombre de grands mots et de grandes phrases, et voilées sous la devise républicaine : Liberté, Égalité, Fraternité ; mais on sait les rançons d'argent et *les rançons d'amour* exigées par ceux que des parents, des amis, des épouses allaient solliciter. Ce qu'on ne sait pas, c'est le nombre des malheureux qui ont péri, frappés par les balles de ceux qui les avaient emprisonnés : 150 prisonniers, détenus au dépôt de la Préfecture de police, sont mis en liberté le mercredi, 24 mai, dès sept heures du matin, sur l'ordre de Raoul Rigault. Dehors, ils se croient sauvés. Erreur : les barricades les attendent, il faut qu'ils y combattent à côté des fédérés. Ils refusent, les gardes nationaux tirent sur eux. Ils veulent retourner d'où ils viennent : la prison qu'ils ont quittée est en feu !

ARRESTATIONS ET EXÉCUTIONS.

Les hommes qui, en préméditant l'incendie de toute une ville, en tuant des honnêtes gens qui n'avaient commis d'autre crime que de ne pas partager leurs doctrines, ont mis leur cause en dehors d'une cause politique, ne devaient pas espérer en la clémence de leurs adversaires, qui devenaient leurs juges.

Des exécutions sommaires ont eu lieu pendant l'excitation de la lutte. Aujourd'hui, que l'épée est rentrée dans le fourreau, la justice légale prononcera sur le sort de ceux qu'elle a à juger, et saura distinguer les égarés des endurcis, les innocents des coupables.

Membres de la Commune.

DELESCLUZE a été tué à la barricade du boulevard du Prince-Eugène. On a trouvé son corps le vendredi, 26 mai. Parmi les papiers pris sur lui, le plus intéressant est celui-ci :

MINISTÈRE DE LA GUERRE.   Paris, 21 mai 1871.
CABINET DU MINISTRE.

        Citoyen Delescluze,

Envoyez immédiatem nt des artilleurs, des voitures et des attelages pour le transport des munitions. Les remparts ne sont plus tenables s'il n'y a pas d'artilleurs ; j'ai beau, avec la garde nationale et les francs-tireurs qui ont fourni des volontaires, faire le service de l'artillerie ; je ne peux pas aller plus longtemps.

Le colonel,
LISBONNE.

VARLIN, délégué aux finances, accusé d'avoir participé à l'incendie du ministère des finances, a été exécuté rue des Rosiers, à Montmartre, à l'endroit même où furent assassinés les généraux Lecomte et Clément Thomas.

ASSI est à Versailles depuis le 21 mai.

RAOUL RIGAULT, cherchant à se réfugier chez une maîtresse qu'il avait rue Gay-Lussac, fut reconnu, arrêté et fusillé au coin de cette rue.

J. VALLÈS, arrêté le jeudi 25 mai, à six heures du soir, à la Halle aux blés, fut dirigé vers le Châtelet. Pendant le trajet il tenta deux fois de s'échapper en se ruant sur l'officier qui l'accompagnait. Il a été fusillé rue Saint-Germain-l'Auxerrois.

FERRÉ a subi le même sort que Vallès et en même temps.

J. MIOT a été fusillé le lundi 29 mai, à la Muette.

FRANKEL a été arrêté rue d'Alsace, 9, déguisé en chef de train du chemin de fer de l'Est, et conduit à Versailles

RASTOUL, médecin en chef des ambulances, a été conduit à Versailles.

OSTYN, ayant cherché un refuge chez les Prussiens, fut livré par eux et immédiatement fusillé.

COURBET a été arrêté chez lui le 7 juin et conduit à Versailles.

MALON a été conduit à Versailles.

CHARDON a été fusillé.

A. ARNOULD a été tué sur une barricade.

Vermorel a été transporté blessé à Versailles.

Jourde a été arrêté et conduit à Versailles.

Johannard a été fusillé dans les fossés du château de Vincennes.

Paschal Grousset a été arrêté le 4 juin, au moment où il voulait quitter Paris, et conduit à Versailles.

Sicard a été arrêté boulevard d'Ornano, le 5 juin.

Verdure a été arrêté l'un des premiers, lors de l'entrée des troupes; mais il avait jugé prudent de garder l'anonyme et avait été conduit à Versailles; mêlé dans un groupe de fédérés, il a été reconnu en se rendant à la prévôté, et dénoncé par un de ses administrés.

Billioray a été arrêté le samedi 3 juin, rue des Cannettes, 19, dans le VIe arrondissement, où il se cachait sous le nom de Bénezeck. Il a été conduit à Versailles.

Protot a été arrêté et fusillé.

Regère, qui devait faire sauter le Panthéon, a été arrêté et fusillé.

Amouroux a été fusillé.

Dereure a été fusillé à Versailles.

Gambon a été fusillé rue de la Banque.

Lefrançais, même sort que Gambon.

Longuet a été fusillé quai des Tuileries.

Rossel a été arrêté le 7 juin, chez lui, où il se cachait déguisé en ingénieur de la compagnie du chemin de fer du Nord.

Généraux de la Commune.

Dombrowski, blessé mortellement à la barricade de la rue Myrrha, fut transporté à l'hôpital de Lariboisière, où il expira une heure après. Brionnel, officier d'état-major du général, vint réclamer le corps, qui fut transporté à l'Hôtel-de-Ville, où il resta exposé jusqu'au lundi, 22 mai, à minuit. Après cette heure, il fut porté au Père-Lachaise, et sur la fosse Vermorel prononça un discours dans lequel il accusait les soldats de Dombrowski de l'avoir abandonné au moment du danger. Pour l'orateur, la Commune n'avait qu'un défenseur et c'était celui dont il prononçait l'oraison funèbre.

OKOLOWITCH, blessé ; il était en convalescence et soigné à l'ambulance des Champs-Elysées, lorsque, le lundi 22 mai, cette ambulance fut prise par les troupes régulières.

CLUSERET a été fusillé, dit-on, à la caserne du Prince-Eugène.

LA CÉCILIA, compris dans les insurgés qui se sont rendus à Vincennes, aurait été fusillé.

EUDES, pris également à Vincennes, a été fusillé.

DU BISSON, a été fusillé.

Membres du Comité central.

VIDAL, fusillé dimanche 28 mai dans le jardin du Luxembourg.

BOYER et son fils, incendiaires du Palais-Royal, ont été fusillés.

LACORD, qui se distingua dans le VI° arrondissement pour sa poursuite des réfractaires, a été arrêté au carrefour Gaillon et conduit à Versailles.

HAUSER a été arrêté chez lui, faubourg Montmartre, et conduit à Versailles.

MARÉCHAL, arrêté et conduit à Versailles.

GRÉLIER, arrêté et conduit à Versailles.

Officiers de la Commune, etc.

BRUNEL, colonel d'état-major, s'était réfugié au n° 28 de la place Vendôme, dans un appartement occupé par Mme Fould, et s'était caché dans la garde-robe sous un paquet de linge. Poursuivi par M. Reinhardt, le successeur de Siraudin, à la tête de quelques hommes, il est découvert et fusillé.

VILAIN, employé à la Préfecture de police, à laquelle il avait mis le feu, fut exécuté dans la caserne Lobau le lundi 29 mai.

MILLIÈRE, arrêté le jeudi matin, 25 mai, dans le palais du Luxembourg, ne s'est pas laissé prendre sans essayer de résister. Conduit chez le général de Cissey pour être interrogé, il fut mené au Panthéon, sous le péristyle duquel il avait fait fusiller deux jours auparavant trente gardes nationaux qui n'avaient pas voulu marcher aux barricades; il fut exécuté à la même place, à genoux, le dos tourné à l'église Ses dernières paroles furent: Vive la République! Vive le peuple ! Vive l'humanité ! d'après le récit de M. de Montaud.

MATHIEU a été frappé par les fédérés eux-mêmes, mercredi 24 mai. Devenu suspect, ses ex-amis l'avaient arrêté, fouillé, et ayant trouvé sur lui une somme considérable, ils l'avaient accusé d'avoir reçu cet argent de Versailles pour les trahir Fusillé à la statue d'Henri IV, son corps fut jeté dans la Seine.

TONY MOILIN, arrêté aux environs du Luxembourg, fut condamné à mort. Il a demandé qu'on lui permît d'épouser une demoiselle avec laquelle il vivait depuis longtemps. M. Hérisson, maire du VIe arrondissement, lui fit accorder cette faveur. Le mariage accompli, Moilin fut fusillé

TREILHARD, directeur de l'assistance publique, a été fusillé vendredi, 26 mai, place du Panthéon. On a trouvé chez lui, enfoui dans une cave, un coffre contenant 40,000 fr.

PIPÉ-EN-BOIS, *alias* CAVALIER, directeur du service des promenades de Paris, a été arrêté le lundi 29 mai près du ministère des affaires étrangères et conduit à Versailles.

B. GASTINEAU, directeur des bibliothèques de Paris, arrêté dans une maison meublée du quartier Latin, où il s'était réfugié, et conduit à Versailles.

SALVADOR, directeur du Conservatoire, a été arrêté chez lui, rue Jacob, 15. Ayant voulu résister, il a été fusillé.

BRUNEROD, ami de F. Pyat, ex-commandant du 147e bataillon, pris à la barricade de la rue des Martyrs, a été fusillé.

TOUPE, directeur de la manutention du quai de Billy, croyant les ateliers de cette administration déserts, s'y introduisit pour prendre sa correspondance ; mais, arrivé dans le cabinet qu'il y occupait, il y rencontra le colonel de Pressy qui s'empressa de le retenir.

BIDET, capitaine de la garde nationale, ex-commandant à Montmartre au 18 mars, a été fusillé à ce dernier endroit.

DUQUESNOY, capitaine d'état-major, a été fusillé le samedi, 27 mai.

MARTIN, inventeur des mitrailleuses qui portent son nom et qui faisaient l'admiration de La Cécilia, a été fusillé à Ménilmontant sur une barricade.

COURT a été conduit à Versailles.

TAVERNIER a été fusillé

NAPIAS-PIQUET a été fusillé.

AD. MELIN a été arrêté et fusillé le dimanche 28 mai.

DUFIL, maréchal-des-logis d'artillerie, accusé d'avoir

commandé le feu lors des assassinats de Clément Thomas et de Lecomte, arrêté et conduit au Châtelet, chercha à s'échapper en route; mais rattrapé, il fut exécuté sur-le-champ dans la rue de Berlin.

Lisbonne, colonel de fédérés, a été arrêté rue Lafayette et fusillé rue des Rosiers.

Gaillard père, constructeur de barricades, a été tué sur une de ses œuvres.

Gaillard fils, même profession que son père, a été arrêté et conduit à Versailles.

Cœurderoi, commandant du 7ᵉ bataillon, *ex-Lutteur masqué*, a été fusillé place du Château-d'Eau.

Brun, directeur de l'armement de la garde nationale, a été tué à une barricade de la rue de Flandre.

Cerisier, commandant du 104ᵉ bataillon, qui a fait exécuter l'assassinat des dominicains, avenue d'Italie, a été pris dans un égout et fusillé.

Mégy a été arrêté à Ménilmontant et conduit à Versailles.

Jaclard, commandant de la 17ᵉ légion, faisant partie des insurgés pris à Vincennes, a été fusillé.

Dacosta, substitut de la Commune, a été arrêté à Melun.

Fontaine, directeur des Domaines, a été arrêté et conduit à Versailles.

Avec tous les bruits contradictoires qui ont circulé sur le sort des personnages qui se sont *distingués* sous la Commune, il est difficile d'établir un tableau exact et d'en garantir la véracité ; aussi, ne serions-nous pas étonné que quelques-uns de ceux que nous disons fusillés soient encore en vie et que certains de ceux que nous disons arrêtés soient encore libres.

A ces listes, il faut ajouter les hommes appartenant à la presse communale et qui sont emprisonnés à Versailles: Rogeard, Troubat et Gromier, rédacteurs du *Vengeur;*

Odysse Barot, ex-secrétaire de Flourens, rédacteur en chef du *Fédéraliste*; P. Meurice, du *Rappel*; Maroteau, du *Salut public*; Maret, du *Mot d'Ordre*; Vermesch et Willaume, du *Père Duchêne*; etc., etc.

Maintenant la lutte est terminée. Des deux adversaires armés un seul est debout, et c'est le défenseur du droit et de la vraie liberté.

Il va falloir au plus tôt réparer les désastres, relever les ruines et se mettre résolûment à l'œuvre de régénération.

Trop de coups ont atteint la France depuis un an pour qu'elle ne songe pas exclusivement à panser ses blessures Le travail et la concorde peuvent seuls lui donner une bonne convalescence et hâter son entier rétablissement.

Paris et la France ont, dans l'avenir, de grandes choses à accomplir ; mais à la condition de ne pas épuiser leurs forces dans des discordes profitables seulement à ceux qui les jalousent et les envient.

www.ingramcontent.com/pod-product-compliance
Lightning Source LLC
LaVergne TN
LVHW051458090426
835512LV00010B/2221